Avant-propos Réjean Tremblay

Jacques Villeneuve, Michael Schumacher, Formule Un, des noms et des mots qui font vibrer le Québec et le Canada.

Dans ce pays, Guy Lafleur, Wayne Gretzky ou Marie Lamieux dominaient toute la scène sportive. Cette année, les grands noms du hockey ou du baseball ont été balayés par la passion foudroyante provoquée par l'entrée de Villeneuve dans l'univers des plus grands de la Formule Un.

C'est un sport fabuleux, la mécanique, l'humain, l'argent sont les facteurs des plus grandes victoires. Qu'on traverse les favellas brésiliens pour se rendre au circuit d'Interlagos ou qu'on marche dans les rues de Monte-Carlo pour le Grand Prix de Monaco, on est saisi par l'excitation d'une course de Formule Un.

C'est un sport complexe où les victoires et les défaites se jouent parfois en une seconde. Ce sport fabuleux a ses témoins privilégiés. Ils sont quelques dizaines de journalistes à courir le monde, à trainer dans les paddocks à l'affût de la moindre information, à discuter course avec les meilleurs pilotes, les meilleurs ingénieurs... et les plus ordinaires confrères.

On connaît Christian Tortora, on connaît moins Arnaud Chambert-Protat. Ce sont des amis. Arnaud est plus tranquille et parle moins vite que Torto. Comme Tortora, Arnaud est "multimédia". Radio, télé, journaux, agences, magazines, Arnaud fait son métier de la bonne façon. Avec lui, la Formule Un, c'est du sérieux.

Avec un clin d'oeil joyeux quand le travail est terminé.

97-98

formule 1

PASSION

Formule 1 Passion 97-98
est une publication des Editions Lesir

© MPI Books/Diffomedia

Auteur:
Arnaud Chambert-Protat
Photographe:
Dominique Leroy
Directeur artistique:
Geert Hermkers
Coordination:
Ank de Ridder-van den Boogert

Production:
MPI Books
Postbus 469
1180 AL Amstelveen
Pays-Bas

ISBN 2-89428-266-4

À Thibault

REMERCIEMENTS pour leur aide et concours efficaces à :
Cachou, Titi, Cyril et Lydia, Jean et José Alesi, Jeanne Ancousture-Lavie, Ank van den Boogert,
Peter Bongers, Anne-Laure Chambert-Protat, Neel Chrillesen (version danoise), Ramon Dahmen,
Giselle Davies, Coline Flore, Béatrice Fortamps, Hervé Foulon, Pierre van Ginneken,
Pierre Guillaume, Hendrik (Rik) van der Heiden, Geert Hermkens, Eddie Jordan, Willem Kuling,

Sommaire

Margret Laan, Jacques Laffite, Esther de Lange, Paulette Leroy, Rob Ligtelijn, Jean-Marc Loubat, Didier Paris, Alain Patrice, Erik Post (version néerlandaise) Guy Rolland, Alain Sillard, Sipa Presse, Bruno Taupin (version anglaise), Ben Taylor, George Torcatis, Réjean Tremblay et Tyrrell Racing.

Préface de Jean Alesi

Etre une nouvelle fois quatrième au championnat du monde, encore sans victoire, ne peut me satisfaire sur cette saison dont j'attendais beaucoup.

Car au vu des essais de l'hiver 96/97, il n'y avait aucune raison pour que nous ne soyions pas dans le coup, et que nous n'ayions pas nos chances de disputer le titre. Le départ des concepteurs de la B197 nous a mis dans l'embarras, d'autant que cette voiture reste la plus revêche qu'il m'ait été donné de conduire et surtout de régler. Elle nous a gâché toute la première moitié de saison, et tandis que nous nous acharnions à la maîtriser, nos adversaires progressaient.
C'est un triste chapitre qui se clôt sur cette période Benetton, mais je ne regrette pas ces deux années de travail et de difficultés, qui m'ont sans aucun doute rendu encore plus fort qu'avant.

Je sais que mon transfert chez Sauber-Petronas l'année prochaine a fait couler beaucoup d'encre : on a parlé de "pis-aller". Je nie fermement ce point de vue. Avant d'examiner cette éventualité, j'avoue que je considérais Sauber comme une petite écurie. En visitant l'usine, j'ai été sidéré. En fait, personne ne se doute de son potentiel et des moyens dont elle dispose.
Avec un budget qui m'a épaté -j'ai réalisé que c'était le troisième derrière Ferrari et McLaren !- et des installations ultramodernes, Sauber fera bientôt partie des équipes de pointe. Pour gagner ses galons, il lui manque peu de choses : surtout un tandem de pilotes d'expérience, motivés et qui ne rechignent pas à la tâche. Ils ont besoin de moi, me l'ont dit et ce fut un aveu décisif. Je suis intimement convaincu que nous allons réaliser de belles choses.

En attendant, c'est très agréable de retrouver cet ouvrage pour une nouvelle préface. L'année passée, j'avais fait confiance à Dominique et Arnaud sans savoir ce qu'ils allaient produire. Leur coup d'essai était un coup de maîtres, et je n'hésite pas à reconduire ma plume pour cette deuxième édition, certainement plus belle encore puisqu'elle intéresse désormais d'autres pays. Une fois encore, vous allez pouvoir vibrer au vu des splendides images, et ressentir toute la Formule 1 à travers les belles envolées du texte. Revivre cette saison malgré tout formidable et toucher du doigt la passion qui nous anime, nous autres pilotes.
Je ne doute pas que ce sera pour vous un plaisir, et vous souhaite d'en profiter tout l'hiver pour patienter jusqu'au coup d'envoi 1998.

Analyse de la saison,
par Eddie Jordan

Comme Jacques Villeneuve et non sans analogies, Eddie Jordan est un personnage qui bouleverse "l'establishment". Face aux autres patrons, souvent froids ou médiatiques, il est le Richard Branson(*) de la F1 : un homme d'affaires redoutable et un réel épicurien, très attachant...

Habile à utiliser les photographes comme ambassadeurs de son image de joyeux drille, il n'hésite pas à chahuter Bernie Ecclestone ou à singer l'attitude d'un invité un peu guindé. Comme père de famille, il s'esclaffe en apprenant que son fils vend à l'école les cigarettes du sponsor Benson & Hedges subtilisées à l'usine..., et rêve que ses enfants Zoe, Miki, Zak et Kyle forment un jour un nouveau "fab" four". Car le rock 'n' roll est sa seconde nature. Le Grand Prix de Grande-Bretagne lui doit sa fabuleuse conclusion : un concert improvisé où Eddie devient batteur auprès de quelques pilotes musiciens d'un jour (Coulthard, Hakkinen, Herbert, Hill...), et de grandes vedettes (Chris De Burgh, George Harrison, Nick Mason, Chris Réa...). Tous des amis : le dernier-nommé dispose même d'un studio dans les locaux de Jordan Grand Prix !

Tout cela ne l'empêche nullement de mener depuis 17 ans son entreprise avec célérité et beaucoup de mérite, de la guider sur la voie du succès, de compter parmi les personnalités majeures du milieu et parmi celles qui sont le plus écoutées car le plus averties. Il est à ce titre, comme n'importe lequel de ses pairs plus auréolé que lui de titres et victoires, à même d'apprécier la qualité d'un pilote, d'une voiture, d'une course ou d'un championnat.

Avec le recul nécessaire et pourtant délicat à prendre, Eddie Jordan nous fait l'amitié et l'exclusivité de dresser le bilan de cette saison 1997, respectant le sérieux de sa fonction et de ses responsabilités, mais sans omettre sa petite touche d'humour à l'égard de ses propres pilotes. Un clin d'oeil qui ne fait que mettre plus en avant une autre de ses grandes qualités : son humilité.

(*) P-DG du Groupe Virgin

Le championnat cette année a été fabuleux, la Formule 1 a franchi un grand pas en avant. Personne n'a pu dominer, Williams et Ferrari se disputant les deux titres, et Benetton, McLaren et Jordan ayant des atouts comparables pour récolter les points restants. Si le titre s'est résumé en un duel entre Michael Schumacher et Jacques Villeneuve, l'impression générale est celle d'une saison très ouverte.

Seuls quelques dixièmes faisaient la différence entre une position en première ligne, et une position en cinquième. Le moindre problème se traduisait en désastre, aussi fallait-il être très rapide, très fiable et très bien organisé, pour avoir une quelconque chance.

Chez Jordan, nous avons connu la meilleure saison de notre histoire, réussissant à terminer un nombre record d'épreuves. Huit fois de suite nous avons terminé dans les points, et aussi bien Giancarlo Fisichella que Ralf Schumacher ont démontré que notre politique de jeunesse pour 1997 était payante. J'avais également dit qu'ils feraient des étincelles, ils en ont fait... tant en Argentine qu'au Nürburgring (!), mais dans l'ensemble j'ai été comblé.

Parmi les écuries situées derrière nous, Prost a fait un sacré boulot, et Sauber nous a menacés à l'occasion. Stewart et Arrows ont également eu leurs brèves heures de gloire au cours de l'année, démontrant à quel point le championnat était équilibré.

On a aussi beaucoup "glosé" sur "la guerre des pneus", mais Goodyear a bien résisté à la pression exercée par Bridgestone. Dans certaines courses, Bridgestone a paru être en mesure de s'imposer, mais Goodyear possède l'expérience qui lui a permis de maintenir sa domination.

On se souviendra aussi que cette année a vu éclore de nombreux pilotes : Giancarlo et Ralf, mais aussi Alexander Wurz et Jarno Trulli. C'est super de voir de nouveaux noms pointer aux avant-postes. Il est toutefois préférable d'avoir un juste équilibre entre l'expérience et la fougue juvénile : c'est la raison pour laquelle je suis heureux d'avoir Damon Hill aux côtés de Ralf Schumacher pour 1998.

La Formule 1 est entrée dans une nouvelle ère, dans laquelle toutes les écuries sont bien financées et très compétitives. J'ai la certitude que nous ne reverrons pas l'époque où une seule écurie dominait. Et c'est ce qui rend la Formule 1 fascinante pour tout le monde : pour les écuries, pour les pilotes, pour les sponsors, pour les média et, ce qui est le plus important, pour les passionnés. Je ne crains pas de me tromper en affirmant que l'avenir sera éclatant.

12 octobre 1997

PROST
Grand Prix

O. PAN

Dossier Prost Grand Prix

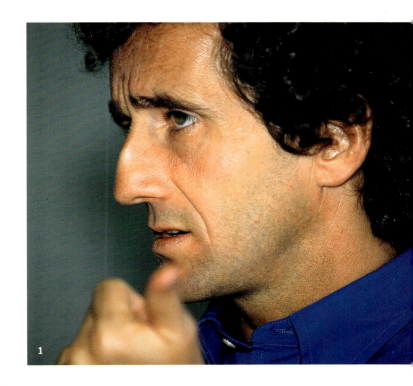

Alain Prost constructeur est l'événement majeur de l'année 1997. Cet aboutissement, quelque part logique, est le résultat de plusieurs années de patience.

Quadruple champion du monde et multiple recordman, Alain Prost est une figure incontournable et cette image fut essentielle dans son projet d'équipe ; néanmoins, il dut s'y reprendre à quatre fois, sur près d'une décennie, pour le mener à bien.

Car en effet, sur les registres officiels, la société Prost Grand Prix est née le 21 novembre 1988! À l'époque, Alain Prost vient de laisser le titre à son équipier Senna, mais reste chez McLaren. L'objectif de "Prost GP" est pourtant de monter une écurie, avec Renault dont le retour en F1 -avec Williams- a été annoncé quelques mois plus tôt. Explication : Alain Prost ne prévoit ses débuts qu'en 1990. C'est d'ailleurs dans ce but qu'il annonce très tôt -en juillet- son départ fin 89 de McLaren... Las! Le projet de l'ex-futur patron avec le motoriste français tourne court, et le pilote se rabat sur Ferrari! Deux ans plus tard, le divorce à l'italienne rasseoit Prost à son bureau, sur lequel le téléphone sonne. Au bout du fil, Guy Ligier. Début 92, Alain teste plusieurs fois la JS37. On s'achemine vers une fonction directoriale progressive, le rôle de pilote devant dans un premier temps prédominer. Mais les discussions mènent encore à l'impasse, et le champion s'offre une année sabatique tout en s'engageant, dès le mois de mars, avec Williams pour 1993.

À la fin de cette saison qui lui apporte sa quatrième couronne, Alain annonce sa retraite... puis revient au volant d'une McLaren-Peugeot à l'occasion d'essais privés au tout début 94. Sans suites. Gardé par Renault en qualité d'"ambassadeur", il est dans l'antre du fauve et ouvre un troisième dossier qui s'étoffe au fil des mois pour, encore une fois, terminer au fond d'un tiroir au printemps 95. Alain Prost retrouve alors McLaren (entretemps associé à Mercedes) comme conseiller technique. Son savoir-faire est alors une bénédiction pour toute l'équipe, qui va mesurer à

coups de dixièmes de seconde, si ce n'est de secondes pleines, l'évolution sensible de son matériel.

Dans la coulisse, le quadruple champion du monde ouvre les yeux et les oreilles bien au-delà de ses responsabilités : de plus en plus, il se fond dans la peau d'un chef d'écurie ; la volonté d'entreprendre couve toujours, et les remous provoqués par la tentative de reprise de Ligier par Walkinshaw créent une nouvelle opportunité.

Cette fois-ci, c'est la bonne, même si d'innombrables écueils se dressent. L'ultime parait anecdotique, il a pourtant failli tout mettre par terre : l'unanimité des écuries doit être totale pour que Ligier devienne Prost, condition sine qua non pour que les partenaires suivent. Seul, Eddie Jordan refuse de signer, et pour cause : la venue de Prost peut le priver du moteur Peugeot en 1998...! Finalement tout rentre dans l'ordre, et le lendemain du rachat de l'équipe, Prost Grand Prix et Automobiles Peugeot annoncent leur accord pour trois saisons (1998 à 2000).

Nous sommes le 14 février 1997, jour de la Saint-Valentin (fête des amoureux!), et Prost Grand Prix a déjà huit ans!

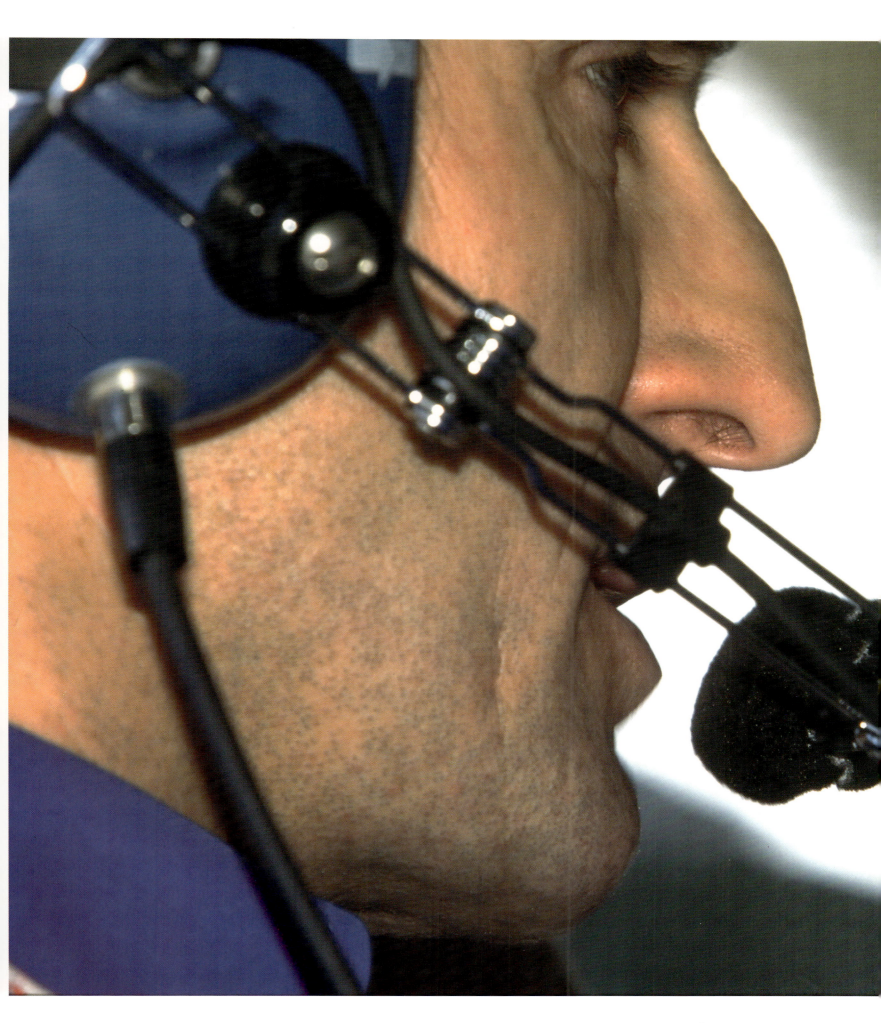

Naissance en deux temps

Rachat de Ligier : 13 février ; premier Grand Prix de Prost : 9 mars! En 24 jours, un vent de folie. Débarquement du nouveau patron à Magny-Cours (où il n'avait pas jugé bon de se rendre avant que tout soit conclu), paperasserie administrative, coups de balai sur le passé (logotype, voiture à rebaptiser, personnel à rhabiller), embauches, rencontres et discussions en tous genres,... Prudent, Alain Prost n'a pas opéré de restructuration radicale dans l'écurie, gageant à juste titre qu'une certaine continuité éviterait quelques erreurs de jeunesse. Mais dans l'ombre, Hugues de Chaunac l'ami, et quelques fidèles dont l'avocat suisse Jean-Charles Roguet, préparent l'avenir, le vrai, labellisé 100% Prost.

Écuries

1 Rothmans Williams Renault
Williams-Renault V10, Goodyear
Grande-Bretagne

*Les hommes : Frank Williams, Patrick Head, Jock Clear,
Jacques Villeneuve, Heinz-Harald Frentzen.*

Si Frank Williams est devenu un monument de la F1, décisionnaire puissant et écouté, tout ne fut pas toujours rose pour cet ancien pilote qui décida un jour de s'occuper de Piers Courage, dont la disparition fut ensuite pour lui un terrible choc. Pendant plusieurs années, Frank connut une

période difficile en faisant courir des Brabham et Lotus à titre privé, puis en se lançant dans la construction des modestes Iso (1973-74) avant d'en venir aux vraies Williams. En 1978, il décrocha le gros lot avec des sponsors saoudiens qui lui procurèrent les moyens de ses grandes ambitions. La première victoire survint dès 1979 (Grande-Bretagne, Clay Regazzoni). L'année suivante, Alan Jones fut champion du monde, puis Keke Rosberg en 82, Nelson Piquet en 87, Nigel Mansell en

92, Alain Prost en 93, et Damon Hill l'année dernière. Parallèlement, l'écurie décrocha huit titres en tant que constructeur (autant que Ferrari) en seulement seize ans d'ascension formidable : sur 378 Grands Prix disputés, elle en a remporté plus du quart ! Un succès indissociable d'une collaboration historique et exceptionnelle avec Renault, qui contribua à plus de la moitié de ce fabuleux palmarès.

Entretemps, en 1986, un accident de la route clouait Frank sur un fauteuil roulant, mais avec son fidèle Patrick Head (devenu associé), il continua de gérer son équipe avec brio, même si sa façon de traiter les pilotes est souvent étrange et même controversée (ses quatre derniers pilotes sacrés furent aussitôt remerciés !).

Championne du monde sortante, Williams abordait 1997 (sa vingt-cinquième saison avec la période Iso) en favorite. Des choix stratégiques osés et une manie de mettre tous les oeufs dans le même panier (comme à Monaco) ont joué en sa défaveur tandis que Ferrari lui menait la vie dure, d'autant que la Williams n'évolua pas aussi vite que toutes ses rivales. À la mi-saison, l'avantage fut réduit à zéro et parfois même en dessous, et des tensions dans l'équipe ne favorisèrent pas le ressaisissement.

Enfin, la prudence et le recul par rapport à certaines méthodes, mais aussi le retour à des circuits favorables et la non-réussite des adversaires, permit un nouveau triomphe, le sixième doublé. Et la satisfaction d'être aujourd'hui le constructeur le plus titré de tous.

2 Scuderia Ferrari Marlboro
Ferrari V10, Goodyear
Italie - Fondateur : Enzo Ferrari

Les hommes : Luca Di Montezemolo, Jean Todt, Ross Brawn, Rory Byrne, Michael Schumacher, Eddie Irvine.

Le mythe de l'automobile fêtait cette année son cinquantenaire : c'est en 1947 que l'ex-pilote Enzo Ferrari créa sa marque après avoir fait courir des Lancia et AlfaRomeo. La petite scuderia devint vite LA Scuderia, avec un grand S, et fut la plus assidue au championnat du monde. Fin 1996, elle restait la plus titrée, en tête de tous les palmarès, avec notamment neuf titres conducteurs.

Cette position fut ébranlée ces dernières années en raison d'une déperdition des compétences et d'une totale désorganisation. Grand artisan des victoires Peugeot dans de nombreuses disciplines et appelé à la rescousse en 1993,

Jean Todt remit tout en question et recruta les meilleurs, Michael Schumacher en tête. L'an passé, l'Allemand releva magistralement le gant, et plaça Ferrari en challenger de Williams pour 97. Un travail exceptionnel (et les erreurs de l'adversaire) lui permirent de jouer les deux titres alors que les pronostics de début de saison, même ceux de Jean Todt et de Michael Schumacher) ne la prévoyaient pas encore prête.

Si serré, le match aurait pu aller à son terme du dernier Grand Prix. La grosse "baisse de forme" en Italie et Autriche réduisit l'avantage qui avait été construit patiemment et contre toute attente. L'écueil imprévisible du Luxembourg a brisé l'impossible pari.

3 Mild Seven Benetton Renault

Benetton-Renault V10, Goodyear
Italie

Les hommes : Alessandro Benetton, Flavio Briatore puis David Richards, Pat Symonds, Jean Alesi, Gerhard Berger, Alexander Wurz.

Banal sponsor au début, le fabricant de pulls innova en 1985 en devenant constructeur par le rachat du team Toleman. Les résultats tardèrent, jusqu'à l'arrivée de Flavio Briatore : de 1989 à 93, elle remporta au moins une course par an. Puis Schumacher la mit sur orbite : titre pilotes en 1994, doublé pilotes/constructeurs en 1995. Sans lui, mais avec le même moteur et deux autres pilotes chevronnés, Benetton fut en 1996 le challenger de Williams mais déçut terriblement et resta sur ses vingt-six victoires. Les essais de l'hiver 96/97 furent chargés de promesses, hélas sans lendemain : l'équipe fut confrontée à un problème de châssis, et au départ de ses ingénieurs Brawn et Byrne. Compte-tenu du niveau de la voiture, Alesi et Berger ne pouvaient guère faire mieux que les places d'honneur et podiums sauvés ici et là, et (sans leur ôter de mérite) la victoire, lorsqu'elle survint, fut presque miraculeuse.

4 West McLaren Mercedes

McLaren-Mercedes V10, Goodyear
Grande-Bretagne - Fondateur : Bruce McLaren

Les hommes : Ron Dennis, Neil Oatley, Adrian Newey, Mika Hakkinen, David Coulthard.

La plus ancienne écurie après Ferrari apparut en F1 en 1966, quatre ans avant la mort de son fondateur. Teddy Mayer et Denny Hulme assumèrent la continuité, accédant au sommet en 1974 (doublé de titres) puis en 1976 (titre pilotes). Après un passage à vide, l'équipe fut rachetée en 1981 par Ron Dennis. Le succès fut immédiat et durable : 13 titres (7 de pilotes avec Lauda, puis Prost et Senna 3 fois chacun, et 6 de constructeurs) ! En 1994, le départ de Senna chez Williams et le passage à l'inédit moteur Peugeot plongèrent l'écurie dans l'embarras. Pour la première fois depuis que Dennis tenait les rênes, aucune victoire ne survint ; idem en 1995-96 malgré l'arrivée de Mercedes. En 1997, McLaren était attendue au tournant, et le premier, à Melbourne, fut un succès. La suite offrit une certaine inconstance, jusqu'à l'arrivée de l'ingénieur Adrian Newey, qui contribua à l'excellente fin de saison.

5 B&H-Total Jordan Peugeot
Jordan-Peugeot V10, Goodyear
Grande-Bretagne

Les hommes : Eddie Jordan, Gary Anderson, Giancarlo Fisichella, Ralf Schumacher.

Fin businessman, Eddie Jordan pilota avant de monter son écurie de F3 et F3000 (plusieurs titres internationaux) puis de grimper en F1 en 1991 : des débuts remarqués avec une cinquième place finale malgré un vieillissant Ford Cosworth. Le passage à Yamaha ne fut pas une réussite, celui vers Hart mit deux ans à ramener l'équipe dans le top-cinq, alors tous les espoirs reposèrent sur le moteur Peugeot, récupéré en 1995. Mais c'est le châssis qui n'allait plus, et fin 96, après deux ans de collaboration, le tandem irlando-français courait toujours après la victoire. 1997 constituait un gros enjeu : il faudrait d'excellents résultats pour garder le Peugeot en même temps que Prost en 1998. Enrôler des débutants (Fisichella et Ralf Schumacher) ne fut pas un bon facteur : peu de métier, trop de fougue ! Dommage, d'autant que la paire a finalement réussi un joli parcours, qu'on imaginerait plein de lauriers si Hill, déjà, avait pu être là.

6 Equipe Prost Gauloises Blondes
Prost-Mugen Honda V10, Bridgestone
France

Les hommes : Alain Prost, Cesare Fiorio, Loïc Bigois, Olivier Panis, Shinji Nakano, Jarno Trulli.

La reprise de l'écurie Ligier par le quadruple champion du monde fut, de son propre aveu, la course la plus difficile de sa carrière. Alain Prost veut bâtir une équipe qui gagne, et s'en montre capable. La voiture née Ligier, bien née, ne doit rien à son "père adoptif" dont l'arrivée a tout de même donné un formidable coup de fouet. Le Prost-patron est au niveau du Prost-pilote, et au moment de son accident, Panis pouvait viser un ou deux succès cette année. Dos au mur et embarrassé d'un deuxième pilote ne lui étant guère secourable, Prost a respecté ses responsabilités en privilégiant un étranger ayant quelque expérience, plutôt qu'un débutant sous seul prétexte de prendre un Français. Jarno Trulli n'a pas démérité, si ce n'est par une carapace trop peu endurcie face à la pression. Panis est revenu dans un championnat où tout était perçu pour lui, mais Prost Grand Prix a ouvert un grand chapitre de l'histoire de la F1.

7 Red Bull Sauber Petronas
Sauber-Petronas V10, Goodyear
Suisse

Les hommes : Peter Sauber, Max Welti, Léo Ress, Osamu Goto, Johnny Herbert, Nicola Larini, Gianni Morbidelli, Norberto Fontana.

Peter Sauber est respecté pour sa franchise et son honnêteté, dont il a fait la preuve à l'égard de Karl Wendlinger, qu'il a soutenu jusqu'à ce qu'il soit évident que l'Autrichien ne pouvait plus courir en F1. Arrivée en 1993 après de gros succès en voitures de sport, Sauber connut une brillante première saison avant de rentrer dans le rang. Le V10 Ford ne compensa pas le mauvais châssis 96, et c'est avec satisfaction que le Suisse put arranger un accord entre Ferrari et son sponsor Petronas, pour disposer du V10 italien et de l'ingénieur Osamu Goto. Avec 53 points en 64 Grands Prix, Sauber a du retard sur la réussite attendue. Frentzen parti, Herbert a trouvé le statut de premier pilote qu'il espérait et bien assumé sa mission. En revanche, le deuxième volant est passé de mains en mains : un manque de continuité qui a pesé lourd sur l'évolution de la voiture, alors que le potentiel était là.

8 Danka Arrows Yamaha
Arrows-Yamaha V10, Bridgestone
Grande-Bretagne

Les hommes : Tom Walkinshaw, Jackie Oliver, Frank Dernie puis John Barnard, Damon Hill, Pedro Diniz.

Créée fin 1977 par des dissidents de Shadow, Arrows ("flèches" en anglais) doit son nom à ceux de ses fondateurs : Ambrosio Racing (sponsor), Rees, Oliver, Wass, Southgate. Pilote, Jackie Oliver raccrocha le casque pour s'occuper de l'équipe, et devint assez vite seul maître à bord. En 1991, le sponsor Footwork acheta les parts et donna son nom à l'écurie ; début 1996, elle fut rachetée par Tom Walkinshaw (TWR). À ce stade, en vingt saisons, Arrows n'avait pour seul fleuron qu'une pole position à Long Beach en 1981 (Patrese) et la quatrième place du championnat constructeurs en 1988. Walkinshaw employa les grands moyens en embauchant Damon Hill, fit de belles promesses et recruta dans la foulée l'ingénieur-vedette John Barnard (ex-McLaren et Ferrari). Las ! L'écurie fut la grande déception de l'année, même si quelques coups d'éclat (en particulier à Budapest) ont révélé son nouveau potentiel.

9 Stewart Ford
Stewart-Ford V10, Bridgestone
Grande-Bretagne

Les hommes : Jackie et Paul Stewart, Alan Jenkins, Rubens Barrichello, Jan Magnussen.

Quand Jackie Stewart (champion du monde 1969-71-73) et son fils annoncèrent début 96 leur venue en F1 en 1997, l'effet de surprise fut total car le secret avait été bien gardé. La puissance et la volonté de Ford crédibilisaient le projet, dont les bases étaient jetées à partir du Paul Stewart Racing, écurie ayant réussi en F3 et F3000. Les Stewart ont dès le début fait preuve d'humilité sur leurs ambitions. Un excellent châssis, un moteur performant et un pilote en souci de redorer son blason (Barrichello) ont produit la potion magique permettant de glisser très vite l'écurie au niveau des outsiders. La deuxième place du Brésilien à Monaco est un fait historique, chargé d'une grande émotion lorsque père et fils sont tombés dans les bras l'un de l'autre. La suite a beaucoup dépendu de Bridgestone, mais l'écurie s'est dévoilée très professionnelle et capable, solidement armée pour l'avenir, pour peu que les sponsors se pressent un peu plus...

10 Tyrrell Racing
Tyrrell-Ford V8 Cosworth, Goodyear
Grande-Bretagne

Les hommes : Ken Tyrrell, Harvey Postlethwaite, Mike Gascoyne, Jos Verstappen, Mika Salo.

Comme Ferrari, McLaren et Williams, Tyrrell est un monument de la F1. Ancien pilote amateur, Ken Tyrrell s'accorde d'abord avec Matra et gagne un titre avec Jackie Stewart. Le duo reste associé dans l'écurie éponyme, qui débute au Canada en 1970 par une pole position ! Dès 1971, l'Écossais redevient champion et Tyrrell obtient sa couronne constructeur ; et deux ans plus tard, Jackie remporte son troisième titre. L'équipe reste quelques années en haut de la hiérarchie, puis entame une lente descente en enfer malgré d'ultimes succès en 1982-83. Depuis, les difficultés financières de Tyrrell n'ont fait que croître, et aucun moteur (ni Renault, ni Honda, ni Ilmor, ni Yamaha) ne lui a permis de revenir sur le devant de la scène. Cette année avec un Cosworth V8 (faute de mieux), Ken Tyrrell ne pouvait compter que sur le talent de Jos Verstappen et Mika Salo. Ils ont fait ce qu'ils ont pu avec ce qu'on leur donnait...

Scuderia Minardi

Minardi-Hart V8, Bridgestone
Italie

Les hommes : Giancarlo Minardi, Frédéric Dhainaut, Gabrièle Tredozi, Ukyo Katayama, Jarno Trulli, Tarso Marquès.

S'il y avait une palme du mérite, Giancarlo Minardi en serait le récipiendaire annuel ! Pour lui, toute difficulté est surmontable et l'espoir n'est jamais vain. C'est grâce à sa passion que Minardi bénéficie de la sympathie du public, et du milieu qui n'hésite pas à l'aider. Il demeure qu'en 200 Grands Prix, "l'autre scuderia" n'a pas marqué 30 points et ne fut classée que sept années sur douze. Comme treizième saison, 1997 pouvait superstitieusement autoriser des ambitions, d'autant qu'une nouvelle organisation du capital (avec Flavio Briatore et l'ex-pilote Alessandro Nannini), les sponsors de Katayama et le prometteur Trulli, dopaient les moyens limités de l'équipe. Le Japonais ne fut pas à la hauteur malgré son expérience ; l'Italien fut muté chez Prost par son manager (Briatore, justement !) et le châssis ne permit rien : Minardi a encore fait de la figuration. Pourtant, vous verrez qu'il va continuer !

Lola

Lola-Ford V8 Cosworth, Bridgestone
Grande-Bretagne

Les hommes : Eric Broadley, Brett Trafford, Ricardo Rosset, Vincenzo Sospiri.

Il y a parfois de retentissants "flops" ; celui-ci fut spectaculaire car l'entreprise Lola n'est pas la première venue. Sport-protos, IndyCar, CanAm, F3000, la firme créée en 1958 à tout raflé, tout dominé. À 68 ans, Eric Broadley n'avait plus qu'un regret : n'avoir jamais brillé en F1, que ce soit à son compte dans les années soixante, ou plus tard associé à des écuries (Hill, Haas, Larrousse, scuderia Italia). L'annonce du retour s'accompagna d'ambitions dithyrambiques et de projets démesurés (fabrication d'un V10 dès 1998), mais la réputation et de gros sponsors cautionnaient l'affaire. Hélas, il fut vite évident que tout cela n'était qu'un "coup de bluff". Après avoir lamentablement échoué dans sa qualification au premier Grand Prix, Lola était forfait au deuxième, et disparut. Le plus grand doute planant sur la véritable nature de ses intentions, l'entreprise tout entière risque de payer très cher cette "dernière folie de Broadley".

Pilotes

1 Jacques Villeneuve

Williams-Renault

Canadien, 09/04/71. F1 depuis 96. Vice-champion du monde 96.

Jacques Villeneuve connut des débuts peu flatteurs en sport automobile, en F3 italienne et Touring Cars. Pris en main par son ex-professeur de ski Craig Pollock, il conquit au Japon ses premiers succès, acquérant aussi la maturité qui lui faisait défaut. Rentré au Canada, il devint encore plus sérieux en Formule Atlantic, et en 1994 montait directement en Indycar, discipline-reine américaine.

Qualifié huitième dès sa première course et deuxième à la suivante, il ne tarda pas à marquer ses premiers points, aux prestigieuses 500 Miles d'Indianapolis où la victoire lui échappa de peu. Une star était née ; il le confirma par un succès en fin de saison et une sixième place finale. Vainqueur de la première manche 1995, il remporta les 500 Miles, deux autres courses et trois autres podiums, devenant à 24 ans le plus jeune champion Indycar.

En cours d'année, deux spectateurs attentifs étaient venus le voir : Christian Contzen et Bernard Dudot (Renault). Parallèlement, Bernie Ecclestone harcelait Craig Pollock pour attirer en F1 ce fils de Gilles, champion adulé disparu en 1982. L'affaire fut conclue mais Jacques était attendu : le désastreux précédent de Michael Andretti en 1993 (venu d'Indycar et ridiculisé) jetait le doute sur le niveau américain.

L'entrée en pole, "l'héritier" fit taire les mauvaises langues, et mena la vie dure à Damon Hill pendant toute la saison 1996, gagnant à quatre reprises, gravissant le podium onze fois sur seize ! Cette année, d'aucuns pronostiquaient que Frentzen le remettrait à sa place. Ce ne fut pas le cas, loin s'en fallut : l'Allemand fut plutôt un aiguillon supplémentaire...

Son approche de la Formule 1 souffre encore d'habitudes de travail -et surtout de méthodes de réglages- parfois inapplicables dans cette catégorie et critiquées par son équipe. Mais le Québecois a un indiscutable talent, une énorme résistance à la pression et un entourage qui sait le débarrasser de tout ce qui ne concerne pas le pilotage. Son comportement atypique et ses diatribes envers la FIA ont contribué à faire de lui un personnage très populaire, dont le plaisir est de toujours se surpasser et surtout de se faire un prénom.

Indiscutable favori 97, Jacques a bénéficié d'une certaine réussite (Interlagos, Silverstone, Budapest, Nürburgring) mais il a aussi dû composer avec une concurrence plus large que prévu. Cette couronne n'est donc pas dénuée de mérite...

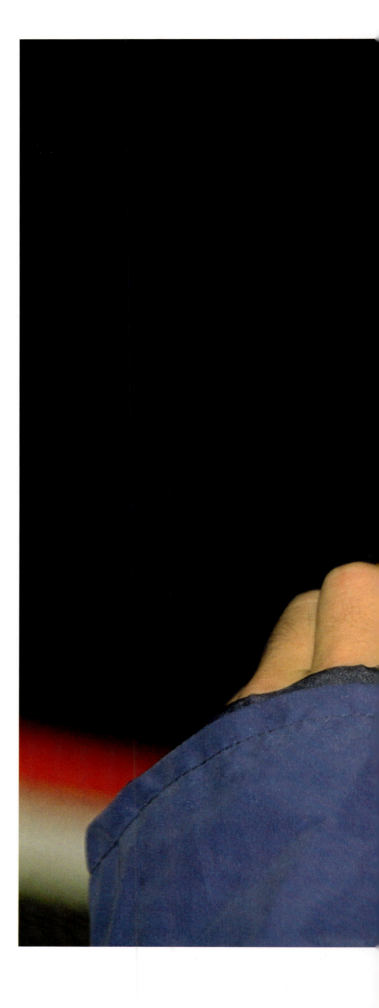

2 Michael Schumacher

Ferrari
Allemand, 03/01/69. F1 depuis 91. Champion du monde 1994 et 1995.

Bien que Damon Hill ait conquis le titre en 1996, Michael Schumacher restait aux yeux de tous LE meilleur pilote du monde, et quoiqu'il advienne, l'issue de la saison 1997 n'y changerait pas grand chose. Sans chercher à faire de comparaison (impossible) avec de précédents virtuoses, l'Allemand est un pilote exceptionnel et marque son époque d'une trace indélébile. C'est gravé par ses deux titres et 19 victoires chez Benetton, c'est encore plus évident depuis qu'il a décidé, l'an passé, de relever le challenge Ferrari. D'un seul coup d'un seul, la Scuderia est revenue au tout premier plan, et en prime, le germain a conquis le coeur des latins et même des tifosi !

La brillante saison 1996 promettait à Villeneuve de dures journées en perspective. Cela s'est totalement vérifié. La Ferrari accusait quelques défauts et la chance n'était pas si souvent du côté de Michael que de celui de Jacques, mais Schumacher comblait ces handicaps par sa lucidité tactique et un talent rarement rencontrés auparavant, en près de cinquante ans de championnat du monde.

Toute l'année, Michael s'est refusé à se voir déjà sacré pour la troisième fois. Une attitude qui devint presque agaçante au fur et à mesure que la situation tournait en sa faveur. Une fois encore, le champion allemand a fait preuve de clairvoyance…

3 Heinz-Harald Frentzen

Williams-Renault
Allemand, 18/05/67. F1 depuis 94.

Frentzen a été ramené du Japon par Peter Sauber, qui avait été impressionné par ses performances en voitures de sport. Il fut tout de suite un brillant espoir : il n'avait disputé que quatre Grands Prix quand Frank Williams lui proposa le volant de Senna disparu. Par honnêteté envers Sauber, il refusa. Cette année, il accepta, et chacun pensait qu'il materait Villeneuve. Son intégration fut très difficile, et malgré une victoire à Imola, Heinz-Harald n'a trouvé la mesure de son équipier que sur la fin de la saison.

4 David Coulthard

McLaren-Mercedes
Britannique, 27/03/71. F1 depuis 94.

Pilote d'essais Williams, David Coulthard a débuté avec la pression maximale, suppléant la tragique disparition d'Ayrton Senna. Il s'est rapidement montré dans le coup, terminant juste derrière le tandem Schumacher-Hill en 1995. Entré chez McLaren en 1996, il eût beaucoup de mal à s'intégrer. Cette année, il a pleinement rempli son contrat, se faisant une spécialité des départs canons et allant jusqu'à jeter le doute sur les qualités de son redoutable équipier. Il lui arrive toutefois encore d'être inégal et imprévisible…

4 Jean Alesi
Benetton-Renault
Français, 11/09/64. F1 depuis 89.

Jean Alesi n'a pas eu de chances dans ses écuries successives et son palmarès ne traduit pas son talent. La situation était délicate à l'orée de 1997, 1996 n'ayant pas apporté les espoirs escomptés. Le départ des ingénieurs Brawn et Byrne a compliqué sa tâche : la B197 était difficile à mettre au point sans ses créateurs, et Jean s'est trouvé investi de responsabilités techniques dont il n'avait jusqu'à présent pas à se préoccuper. Il s'en est très bien tiré, même si plusieurs victoires eurent été bienvenues et amplement méritées.

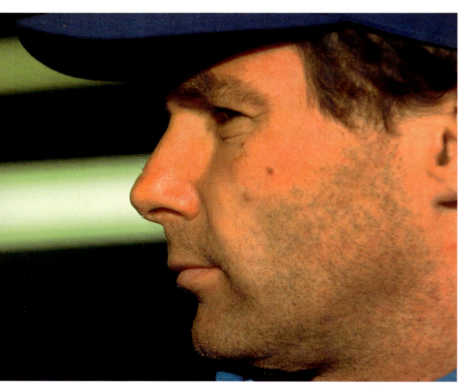

6 Gerhard Berger
Benetton-Renault
Autrichien, 27/08/59. F1 depuis 84.

Doyen d'âge et d'expérience (il a passé le cap des 200 Grands Prix cette année), Gerhard est un des personnages les plus sympathiques et attachants du plateau, et un très grand professionnel. À la disparition de son copain Ayrton Senna, il s'est beaucoup interrogé sur son métier. En 1997, il a vécu une remise en question permanente, que des ennuis de santé et la mort brutale de son père ont fait incliner vers la retraite. Si cette décision était irrévocable, il partirait avec les honneurs dûs aux grands seigneurs de la F1.

6 Mika Hakkinen
McLaren-Mercedes
Finlandais, 28/09/68. F1 depuis 91.

Mika a vécu un formidable début de carrière dans les formules de promotion, ce qui lui valut d'être pris en mains par son compatriote Keke Rosberg, champion du monde 1982. Parvenu en F1, il dut calmer sa fougue, puis assumer les déceptions de quelques courses perdues de peu. Après un grave accident au dernier Grand Prix de 1995, il est revenu à son meilleur niveau. Cette année, David Coulthard a d'abord pris l'ascendant psychologique en triomphant, puis Mika a renversé la vapeur avec une superbe fin de saison.

8 Eddie Irvine

Ferrari
Britannique, 10/11/65. F1 depuis 93.

Boxé par Ayrton Senna à l'époque de ses trop fougueux débuts, Eddie Irvine semblait s'être acheté une conduite. En 1996, la comparaison avec Schumacher fut dure pour lui, mais il montrait de l'opiniâtreté dans son travail de l'ombre. Il s'est bien redressé cette année quoique le naturel ait parfois repris le dessus : désinvolte et amoureux de la vie, il a une insouciance qui n'est peut-être pas étrangère aux incidents dans lesquels il s'est trouvé impliqué. Sa confirmation chez Ferrari en 98 est cependant un gage de confiance.

9 Giancarlo Fisichella

Jordan-Peugeot
Italien, 14/05/73. F1 depuis 96.

Grandissime espoir du sport automobile italien, Fisichella est managé par Flavio Briatore. S'il n'avait vendu l'écurie Ligier à Alain Prost, ce dernier y aurait probablement, à court terme, installé son poulain en qualité de premier pilote. Ses huit premiers Grands Prix en 1996 chez Minardi avaient été excellents. "Placé" chez Jordan, il a tourné à son avantage, face à Ralf Schumacher, leur duel que les observateurs guettaient. Il a pris l'ascendant, surtout en course où plusieurs fois il a touché l'exploît et frôlé le triomphe.

10 Olivier Panis

Prost-Mugen Honda
Français, 02/09/66. F1 depuis 94.

Entré chez Ligier à une mauvaise période, Olivier Panis a conquis ses galons à Monaco l'an passé, non seulement parce qu'il triompha, mais aussi à cause de ses superbes dépassements en course. Très solide psychologiquement, il a surmonté l'incertitude qui mina l'écurie tout l'hiver lors de la reprise d'Alain Prost. L'affaire conclue, une parfaite osmose s'est créée entre les deux hommes, et les exploîts n'ont pas tardé. L'accident de Montréal fut un coup dur, mais Panis en est revenu encore plus fort et motivé que jamais.

11 Johnny Herbert
Sauber-Petronas
Britannique, 25/06/64. F1 depuis 89.

De tous les équipiers de Schumacher, Herbert est celui qui s'est le mieux tiré de la comparaison : aux côtés de Michael, il a remporté deux courses et fini quatrième en 1995. Véritable boute-en-train mais grand professionnel, il a dû l'an passé se rabattre sur Sauber, et rentrer dans le rang. Promu cette année premier pilote après le départ de Frentzen, il s'est rappelé au bon souvenir de tous, réussissant des performances que Peter Sauber, lui-même, n'espérait pas forcément. "Johnny, be good" est superflu, il l'est !

12 Ralf Schumacher
Jordan-Peugeot
Allemand, 30/06/75. Débutant.

Ralf Schumacher n'est pas seulement "le frère de l'autre". C'est un authentique espoir dont certains disaient qu'il était plus étonnant que son aîné, ses glorieux antécédents en F3 étant là pour en attester. Il a effectivement démontré un talent hors du commun, mais aussi commis une série de "bavures"... Celle sur son équipier en Argentine et l'autre sur son équipier (encore) et son propre frère au Luxembourg furent les plus regrettables, et dramatiques pour "ses victimes" : l'enjeu des derniers Grands Prix lui dut beaucoup...

13 Damon Hill
Arrows-Yamaha
Britannique, 17/09/60. F1 depuis 92. Champion du monde 96.

La carrière de Damon fut ingrate au début et de nouveau cette année. Entre ces périodes, il y eût l'ascension aux côtés de Prost, et le titre mondial. Éjecté par Williams (encore de l'ingratitude), Damon a joué très gros en signant chez Arrows... et perdu. Mais pas tout à fait, car en quelques occasions il a prouvé qu'il n'avait pas forcément besoin du meilleur matériel pour briller et être capable de s'imposer. Une démonstration qui le laisse parmi les pilotes les plus demandés du plateau.

14 Rubens Barrichello
Stewart-Ford
Brésilien, 23/05/1972. F1 depuis 93.

Après avoir souffert de son jeune âge et d'un manque de maturité psychologique, Barrichello fut investi par tout son peuple de la "succession" d'Ayrton Senna. Un poids beaucoup trop lourd pour ses épaules, et la saison 1995 faillit bien lui coûter sa carrière. Jugeant qu'une cinquième année consécutive de collaboration ne serait pas une bonne idée, Eddie Jordan le pria d'aller voir ailleurs. Sans autre choix, Rubens a relevé le défi de la nouvelle équipe Stewart et s'est imposé comme un véritable chef de file, récupérant ses ambitions.

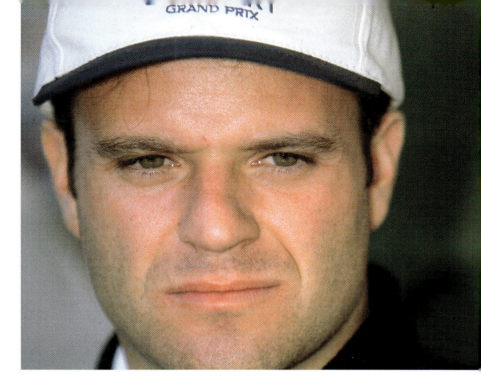

15 Alexander Wurz
Benetton-Renault
Autrichien, 15/02/74. Débutant.

Par son intérim de trois Grands Prix dans la voiture de Berger, Wurz est devenu une des futures stars de la F1. Sa progression a été météorite et en 1994, vice-champion de F3 allemande (celle dont le niveau est le plus relevé), il attirait déjà l'attention, à 20 ans ! Sa victoire aux 24 heures du Mans 1996 et ses prestations en championnats Grand Tourisme confirmèrent qu'il s'agissait d'une recrue de choix. Flavio Briatore ne s'y est pas trompé : il n'a fallu que trois courses pour que l'Autrichien monte sur le podium !

16 Jarno Trulli
Minardi-Hart puis Prost-Mugen Honda
Italien, 13/07/74. Débutant.

Un prodige du karting, autre protégé de Flavio Briatore. La Minardi ne prétendait pas lui faire crever l'écran, et pourtant il prit très vite la mesure et l'ascendant sur son équipier Katayama. Appelé par Prost pour suppléer l'absence de Panis, il a pu pleinement s'exprimer et n'a pas tardé à réjouir le patron par son grand professionnalisme, son immense talent naturel et ses compétences techniques. Il a psychologiquement perdu pied quelques Grands Prix, mais demeure en pole position pour "rempiler" en 1998.

17 Mika Salo

Tyrrell-Ford
Finlandais, 30/11/66. F1 depuis 94.

Après d'encourageantes années en Europe, Salo a émigré au Japon où il est devenu l'une de ces vedettes européennes qui dament le pion au plateau local. Rapatrié par Lotus fin 94, il fut repéré par Ken Tyrrell au moment où l'écurie chutait au creux de la vague. Calme et patient, il est tout de même plusieurs fois parvenu à tirer le meilleur de son modeste matériel, jusqu'à cette année : le décalage avec la concurrence était vraiment trop important, et il n'a pu que réaffirmer son talent en dominant le très rapide Verstappen.

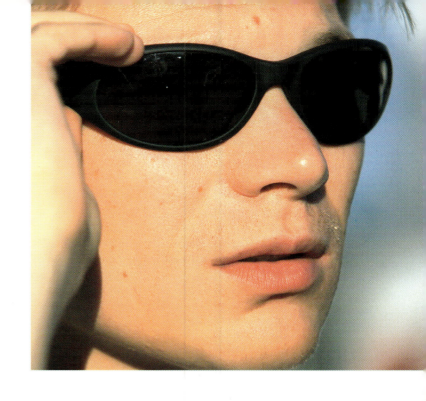

17 Pedro Diniz

Arrows-Yamaha
Brésilien, 22/05/70. F1 depuis 95.

Dans la modeste écurie Forti en 1995, celui que l'on présentait comme un fils à papa n'avait pas le matériel lui permettant de se débarrasser de cette image. Chez Ligier, il prit de la hauteur. Entré chez Arrows à cinquante pour cent grâce à ses sponsors, il a beaucoup progressé et renversé les avis en sa faveur. Appliqué, il a souvent bien supporté la comparaison avec son équipier champion du monde, parfois même réussi à faire jeu égal avec lui et gagné son statut de pilote de Formule 1 à part entière.

17 Shinji Nakano

Prost-Mugen Honda

Japonais, 01/04/71. Débutant.

C'est l'archétype du pilote parachuté par la grâce d'un partenaire, technique très prisée par les Japonais pour voir les leurs accéder en F1, qu'ils adulent mais dans laquelle, hélas, ils n'excellent pas ! Les premières confrontations à Panis furent cuisantes, et Prost pesta contre ce pilote imposé. Son premier point passa dans l'indifférence du drame de Montréal, puis le Japonais se montra plus régulier, rapide et offensif. D'autres belles courses lui ont (un peu) redoré son blason, mais pas suffisamment pour que 1998 s'annonce rose...

20 Nicola Larini

Sauber-Petronas

Italien, 19/03/64. F1 de 87 à 91 puis 92 et 94, retour cette année.

Après cinq anonymes années chez Coloni, Osella, Ligier et Modena, Larini est devenu pilote d'essais attitré de la Scuderia Ferrari. À ce titre, il servit de remplaçant à deux reprises, décrochant au passage un podium lors du triste week-end d'Imola 1994. Sauber recevant des moteurs Ferrari (rebaptisés Petronas), Larini fut invité à épauler l'écurie comme second pilote. L'illusion n'a duré que cinq Grands Prix : le manque de compétition lui a fait largement défaut, et il fut vite renvoyé à ses studieux essais privés.

Ukyo Katayama

Minardi-Hart

Japonais, 29/05/63. F1 depuis 92.

Très sympathique, Katayama est aussi discret que... son palmarès en F1 ! Après une belle carrière au Japon, il a passé cinq années difficiles, et la sixième chez Minardi promettait de l'être tout autant. Malmené par le brillant Trulli, il a retrouvé un semblant d'ascendant face à Marquès mais, à moins de continuer à drainer de gros sponsors à ses managers, doit sans doute se faire à l'idée que son avenir ne passe plus par la F1 ! Il a d'ailleurs des contacts très avancés pour courir en formule Indianapolis en 1998.

Jos Verstappen

Tyrrell-Ford

Hollandais, 04/03/72. F1 depuis 94.

Pilote extrêmement rapide, formidable champion de F3 allemande en 1993, celui que ses dix mille (!) fans surnomment "Jos-the-boss" a-t-il souffert de sa brutale promotion chez Benetton en 1994 ? Il ne fut pas loin de se brûler les ailes, au contact de son équipier Schumacher. Rabattu sur l'agonisante équipe Simtek, il vint ensuite chez Arrows, où il hérita de nouveau d'une mauvaise voiture, et du remue-ménage créé par la reprise de Walkinshaw. Chez Tyrrell, il aurait dû faire jeu égal avec Salo ; le Finlandais fut souvent devant...

Jan Magnussen
Stewart-Ford
Danois, 04/07/73. 1 GP en 95, retour cette année.

Lorsque McLaren aligna Magnussen au "Pacific GP" 95, la surprise fut de taille : nonobstant son titre en F3 britannique l'année précédente, le Danois était plutôt un inconnu. L'étonnement fit place à la stupéfaction, car il fit aussitôt la preuve d'un talent exceptionnel. Plutôt que rester dans l'ombre d'une grande écurie, Jan a choisi d'être en piste pour une débutante. Un choix risqué, et les premiers Grands Prix 97 l'ont desservi. À partir de Monza, il s'est transformé et considérablement rapproché de son équipier.

Tarso Marquès
Minardi-Hart
Brésilien, 19/01/76. F1 depuis 96.

Tarso Marques a connu au Brésil un exceptionnel début de carrière. Il a ensuite crevé l'écran en Europe, signant une victoire, deux podiums, deux poles et deux meilleurs tours dès sa première saison de F3000. Déjà chez Minardi l'an passé en remplacement de Fisichella qui tomba en panne de budget, il fut loin d'égaler les performances de l'Italien. De même cette année, où, contrairement à Trulli dont il fut également le remplaçant, il n'a pas été en mesure d'inquiéter la position de leader de son équipier Katayama.

Gianni Morbidelli
Sauber-Petronas
Italien, 13/01/68. F1 depuis 90 sauf 93 et 96.

À 21 ans, Gianni était pilote d'essais Ferrari : résultat d'une ascension éclair qui, l'année suivante, le conduisit en F1 chez Dallara et Minardi. Fin 1991, remplaçant Prost (viré de la Scuderia) au dernier Grand Prix, il fut relancé chez Minardi... une impasse. Absent en 1993, il revint chez Arrows pour deux ans mais dut se retirer faute de sponsors, malgré de bons résultats. Revenu cette année pilote d'essais Ferrari, il a sauté dans la Sauber de Larini dès qu'on le lui a demandé, mais a un peu déçu face à Johnny Herbert...

Norberto Fontana

Sauber-Petronas

Argentin, 20/01/75. Débutant.

Fangio, Gonzalez, Reutemann... l'Argentine n'a pas eu beaucoup de pilotes en F1 mais quelle qualité ! Celui-ci a encore tout à prouver mais il fut très précoce : champion de Formule Ford à 18 ans, de F3 allemande à 20, et la même année pilote d'essais Sauber ! Reconduit en 1996, il n'eût pas l'opportunité de débuter en course, et 1997 allait être une autre attente. Une blessure de Morbidelli lui a finalement permis de s'aligner quatre fois, mais sans convaincre. Il faut espérer que l'homme n'a pas "rouillé" et aura une autre chance.

Ricardo Rosset

Lola-Ford

Brésilien, 27/07/68. F1 depuis 96.

Vice-champion F3000 derrière Sospiri dès sa première saison en 1995, Rosset a eu plus de chances (et d'arguments financiers) que son chef de file pour accéder en Formule 1 dès l'année suivante. Chez Arrows, dans une très mauvaise passe que même Verstappen ne parvenait pas à atténuer, il ne fut pas en mesure de prouver quoi que ce soit, et dut s'effacer au profit de son compatriote Diniz. Bombardé premier pilote de la nouvelle équipe Lola, il fondait beaucoup d'espoirs dans cette responsabilité. On connait la suite...

Vincenzo Sospiri

Lola-Ford

Italien, 09/10/66. Débutant.

Sospiri est le "faux débutant" de l'année. Engagé en Australie, il n'avait aucune chance de se qualifier avec la fantômatique Lola. Les événements ont prématurément mis fin au rêve. Champion F3000 1995, Sospiri était pilote d'essais Benetton l'année dernière avec d'hypothétiques espoirs de débuter en course sur Minardi, en vain. À 30 ans, il lui fallait se hâter, et Lola était un moyen comme un autre de monter sur la scène. Trahi et trompé, Vincenzo ne doit pas être blâmé ; mais les années passent et les jeunes s'installent...

Les pilotes, biographies com

PILOTE	Nationalité Né le	1977	1978	1979	1980	1981	1982	1983	1984	1985	1986
ALESI Jean	Français 11/06/64	13 ans	14 ans	15 ans	16 ans	17 ans Karting	18 ans Karting	19 ans Renault 5 Turbo Cup	20 ans F.Renault	21 ans F.Renault	22 ans Formule 3
BARRICHELLO Rubens	Brésilien 23/05/72	5 ans	6 ans	7 ans	8 ans Karting	9 ans Karting	10 ans Karting	11 ans Karting	12 ans Karting	13 ans Karting	14 ans Karting
BERGER Gerhard	Autrichien 27/08/59	18 ans	19 ans	20 ans Alfasud Cup	21 ans Alfasud Cup	22 ans Alfasud Cup	23 ans Formule 3	24 ans Formule 3	25 ans Formule 3 Déb.F1 (nc)	26 ans F1(17°)	27 ans F1(7°)
COULTHARD David	Britannique 27/03/71	6 ans	7 ans	8 ans	9 ans	10 ans	11 ans	12 ans Karting	13 ans Karting	14 ans Karting	15 ans Karting
DINIZ Pedro	Brésilien 22/05/70	7 ans	8 ans	9 ans	10 ans	11 ans	12 ans	13 ans	14 ans	15 ans	16 ans
FISICHELLA Giancarlo	Italien 14/01/73	4 ans	5 ans	6 ans	7 ans	8 ans	9 ans	10 ans	11 ans Karting	12 ans Karting	13 ans Karting
FONTANA Norberto	Argentin 20/01/75	2 ans	3 ans	4 ans	5 ans	6 ans	7 ans	8 ans	9 ans	10 ans	11 ans
FRENTZEN Heinz-Harald	Allemand 18/05/67	10 ans	11 ans	12 ans	13 ans Karting	14 ans Karting	15 ans Karting	16 ans Karting	17 ans Karting	18 ans Karting	19 ans F.Ford 2000
HAKKINEN Mika	Finlandais 28/09/68	9 ans Karting	10 ans Karting	11 ans Karting	12 ans Karting	13 ans Karting	14 ans Karting	15 ans Karting	16 ans Karting	17 ans Karting	18 ans Karting
HERBERT Johnny	Britannique 25/06/64	13 ans Karting	14 ans Karting	15 ans Karting	16 ans Karting	17 ans Karting	18 ans Karting	19 ans F.Ford 1600	20 ans F.Ford 1600	21 ans F.Ford 1600	22 ans F.Ford 2000
HILL Damon	Britannique 17/09/60	17 ans	18 ans	19 ans	20 ans	21 ans	22 ans	23 ans Moto (trial & circuit)	24 ans F.Ford 1600 Moto	25 ans F.Ford	26 ans Formule 3
IRVINE Eddie	Britannique 10/11/65	12 ans	13 ans	14 ans	15 ans	16 ans	17 ans	18 ans F.Ford 1600	19 ans F.Ford 1600	20 ans F.Ford 1600	21 ans F.Ford 1600
KATAYAMA Ukyo	Japonais 29/05/63	14 ans	15 ans	16 ans	17 ans	18 ans	19 ans	20 ans F.Japan 1600	21 ans F.Japan 1600	22 ans Formule 3	23 ans F.Renault Formule 3
LARINI Nicola	Italien 19/03/64	13 ans Karting	14 ans Karting	15 ans MotoCross	16 ans MotoCross	17 ans Karting	18 ans Karting	19 ans F.Italia	20 ans F.Fiat Abarth	21 ans Formule 3	22 ans Formule 3
MAGNUSSEN Jan	Danois 04/07/73	4 ans	5 ans	6 ans	7 ans	8 ans	9 ans	10 ans	11 ans	12 ans Karting	13 ans Karting
MARQUES Tarso	Brésilien 10/01/76	1 an	2 ans	3 ans	4 ans	5 ans	6 ans	7 ans	8 ans	9 ans	10 ans
MORBIDELLI Gianni	Italien 13/01/68	9 ans	10 ans	11 ans	12 ans Karting	13 ans Karting	14 ans Karting	15 ans Karting	16 ans Karting	17 ans Karting	18 ans Karting
NAKANO Shinji	Japonais 01/04/71	6 ans	7 ans	8 ans	9 ans	10 ans	11 ans	12 ans	13 ans Karting	14 ans Karting	15 ans Karting
PANIS Olivier	Français 02/09/66	11 ans	12 ans	13 ans Karting	14 ans Karting	15 ans Karting	16 ans Karting	17 ans Karting	18 ans Karting	19 ans Karting	20 ans Karting
ROSSET Ricardo	Brésilien 27/07/68	9 ans	10 ans	11 ans	12 ans	13 ans Karting	14 ans Karting	15 ans Karting	16 ans Karting	17 ans Karting	18 ans Karting
SALO Mika	Finlandais 30/11/66	11 ans Karting	12 ans Karting	13 ans Karting	14 ans Karting	15 ans Karting	16 ans Karting	17 ans Karting	18 ans Karting	19 ans Karting	20 ans Karting
SCHUMACHER Michael	Allemand 13/01/69	8 ans Karting	9 ans Karting	10 ans Karting	11 ans Karting	12 ans Karting	13 ans Karting	14 ans Karting	15 ans Karting	16 ans Karting	17 ans Karting
SCHUMACHER Ralf	Allemand 30/06/75	2 ans	3 ans	4 ans	5 ans	6 ans	7 ans	8 ans	9 ans	10 ans	11 ans
SOSPIRI Vincenzo	Italien 07/10/66	11 ans	12 ans	13 ans	14 ans	15 ans Karting	16 ans Karting	17 ans Karting	18 ans Karting	19 ans Karting	20 ans Karting
TRULLI Jarno	Italien 13/07/74	3 ans	4 ans	5 ans	6 ans	7 ans	8 ans	9 ans Karting	10 ans Karting	11 ans Karting	12 ans Karting
VERSTAPPEN Jos	Hollandais 04/03/72	5 ans	6 ans	7 ans	8 ans Karting	9 ans Karting	10 ans Karting	11 ans Karting	12 ans Karting	13 ans Karting	14 ans Karting
VILLENEUVE Jacques	Canadien 09/04/71	6 ans	7 ans	8 ans	9 ans	10 ans	11 ans	12 ans	13 ans	14 ans	15 ans École pilote
WURZ Alexander	Autrichien 15/02/74	3 ans	4 ans	5 ans	6 ans	7 ans	8 ans	9 ans	10 ans	11 ans	12 ans Karting

ratives

1987	1988	1989	1990	1991	1992	1993	1994	1995	1996	1997	PILOTE
23 ans Formule 3	24 ans F.3000	25 ans F.3000 Int. Déb.F1(3°)	26 ans F1(9°)	27 ans F1(7°)	28 ans F1(7°)	29 ans F1(6°)	30 ans F1(5°)	31 ans F1(5°)	32 ans F1(4°)	33 ans Formule 1	**ALESI** Jean
15 ans Karting	16 ans Karting	17 ans F.Ford 1600	18 ans F.Opel-Lotus	19 ans Formule 3	20 ans F.3000 Int.	21 ans Déb.F1(17°)	22 ans F1(6°)	23 ans F1(11°)	24 ans F1(8°)	25 ans Formule 1	**BARRICHELLO** Rubens
28 ans F1(5°)	29 ans F1(3°)	30 ans F1(7°)	31 ans F1(3°)	32 ans F1(4°)	33 ans F1(5°)	34 ans F1(8°)	35 ans F1(3°)	36 ans F1(6°)	37 ans F1(6°)	38 ans Formule 1	**BERGER** Gerhard
16 ans Karting	17 ans Karting	18 ans F.Ford 1600	19 ans F.Vauxhall GM-Lotus	20 ans Formule 3	21 ans F.3000 Int.	22 ans F.3000 Int.	23 ans Déb.F1(8°)	24 ans F1(3°)	25 ans F1(7°)	26 ans Formule 1	**COULTHARD** David
17 ans Karting	18 ans Karting	19 ans F.Ford	20 ans F.Ford	21 ans Formule 3	22 ans Formule 3	23 ans F.3000 Int.	24 ans F.3000 Int.	25 ans Déb.F1(nc)	26 ans F1(15°)	27 ans Formule 1	**DINIZ** Pedro
14 ans Karting	15 ans Karting	16 ans Karting	17 ans Karting	18 ans Karting AlfaBoxer	19 ans Formule 3	20 ans Formule 3	21 ans DTM/ITC Essayeur F1	22 ans Essayeur F1	23 ans Déb.F1(nc)	24 ans Formule 1	**FISICHELLA** Giancarlo
12 ans	13 ans Karting	14 ans Karting	15 ans Karting	16 ans Karting	17 ans F.Renault	18 ans F.Ford	19 ans Formule 3	20 ans Formule 3 Essayeur F1	21 ans F.3000 Jap. Essayeur F1	22 ans F.3000 Jap. Débuts F1	**FONTANA** Norberto
20 ans F.Ford 2000	21 ans F.Opel-Lotus	22 ans Formule 3	23 ans F.3000 Int. WSPC	24 ans F.3000 int.	25 ans F.3000 Jap. SPCJ/WSPC	26 ans F.3000 Jap. Essayeur F1	27 ans Déb.F1(13°)	28 ans F1(9°)	29 ans F1(12°)	30 ans Formule 1	**FRENTZEN** Heinz-Harald
19 ans F.Ford 1600	20 ans F.Opel-Lotus GM-Lotus	21 ans Formule 3	22 ans Formule 3	23 ans Déb.F1(15°)	24 ans F1(8°)	25 ans F1(15°)	26 ans F1(4°)	27 ans F1(7°)	28 ans F1(5°)	29 ans Formule 1	**HAKKINEN** Mika
23 ans Formule 3	24 ans F.3000 Int.	25 ans Déb.F1(14°) F.3000 Jap.	26 ans F1(nc) F.3000 Jap.	27 ans F1(nc)	28 ans F1(14°)	29 ans F1(9°)	30 ans F1(nc)	31 ans F1(4°)	32 ans F1(14°)	33 ans Formule 1	**HERBERT** Johnny
27 ans Formule 3	28 ans Formule 3 F.3000 Int.	29 ans F.3000 Int.	30 ans F.3000 Int.	31 ans F.3000 Int. Essayeur F1	32 ans Déb.F1(nc)	33 ans F1(3°)	34 ans F1(2°)	35 ans F1(2°)	36 ans F1(WORLD CHAMPION)	37 ans Formule 1	**HILL** Damon
22 ans F.Ford 1600	23 ans Formule 3	24 ans F.3000 Int.	25 ans F.3000 Int.	26 ans F.3000 Jap.	27 ans F.3000 Jap.	28 ans F.3000 Jap. Déb.F1(20°)	29 ans F1(16°)	30 ans F1(12°)	31 ans F1(10°)	32 ans Formule 1	**IRVINE** Eddie
24 ans Formule 3	25 ans F.3000 Jap.	26 ans F.3000 Jap. F.3000 Int.	27 ans F.3000 Jap.	28 ans F.3000 Jap.	29 ans Déb.F1(nc)	30 ans F1(nc)	31 ans F1(17°)	32 ans F1(nc)	33 ans F1(nc)	34 ans Formule 1	**KATAYAMA** Ukyo
23 ans F.3000 Int. Déb.F1(nc)	24 ans F1(nc)	25 ans F1(nc)	26 ans F1(nc)	27 ans F1(nc)	28 ans F1(nc)	29 ans Essayeur F1 TouringCars	30 ans F1(14°) TouringCars	31 ans Essayeur F1 DTM/ITC	32 ans Essayeur F1 ITC	33 ans Formule 1	**LARINI** Nicola
14 ans Karting	15 ans Karting	16 ans Karting	17 ans Karting	18 ans Karting F.Ford	19 ans F.Ford 1600	20 ans F.Opel-Lotus Formule 3	21 ans Formule 3 Essayeur F1	22 ans Déb.F1(nc) DTM	23 ans Essayeur F1 ITC - Indycar	24 ans Formule 1	**MAGNUSSEN** Jan
11 ans	12 ans Karting	13 ans Karting	14 ans Karting	15 ans Karting	16 ans F.Opel	17 ans Formule 3	18 ans F.3000 Int.	19 ans F.3000 Int.	20 ans Déb.F1(nc)	21 ans Formule 1	**MARQUES** Tarso
19 ans Formule 3	20 ans Formule 3	21 ans Formule 3	22 ans F.3000 Int. Déb.F1(nc)	23 ans F1(24°)	24 ans F1(nc)	25 ans TouringCars	26 ans F1(22°)	27 ans F1(14°) TouringCars	28 ans Essayeur F1 TouringCars	29 ans Formule 1	**MORBIDELLI** Gianni
16 ans Karting	17 ans Karting	18 ans Formule 3	19 ans F.Opel-Lotus	20 ans F.Opel-Lotus	21 ans Formule 3 F.3000 Jap.	22 ans Formule 3	23 ans Formule 3	24 ans Formule 3	25 ans F.Nippon	26 ans Débuts F1	**NAKANO** Shinji
21 ans Karting	22 ans Karting École pilote	23 ans F.Renault	24 ans Formule 3	25 ans Formule 3	26 ans F.3000 Int.	27 ans F.3000 Int.	28 ans Déb.F1(11°)	29 ans F1(8°)	30 ans F1(9°)	31 ans Formule 1	**PANIS** Olivier
19 ans Karting	20 ans Karting	21 ans Karting	22 ans Karting	23 ans F.Ford 1600 F.Ford 2000	24 ans F.Opel-Lotus	25 ans Formule 3	26 ans Formule 3	27 ans F.3000 Int.	28 ans Déb.F1(nc)	29 ans Formule 1 (non-qualif.)	**ROSSET** Ricardo
21 ans Karting	22 ans Karting	23 ans Formule 3	24 ans Formule 3	25 ans F.3000 Jap.	26 ans F.3000 Jap.	27 ans F.3000 Jap.	28 ans F.3000 Jap. Déb.F1(nc)	29 ans F1(15°)	30 ans F1(13°)	31 ans Formule 1	**SALO** Mika
18 ans Karting	19 ans F.König F.Ford 1600	20 ans Formule 3	21 ans Formule 3 WSPC	22 ans WSPC Déb.F1(12°)	23 ans F1(3°)	24 ans F1(4°)	25 ans F1(WORLD CHAMPION)	26 ans F1(WORLD CHAMPION)	27 ans F1(3°)	28 ans Formule 1	**SCHUMACHER** Michael
12 ans	13 ans Karting	14 ans Karting	15 ans Karting	16 ans Karting	17 ans Karting	18 ans F.Junior Formule 3	19 ans Formule 3	20 ans Formule 3	21 ans F.3000 Jap. GT Jap.	22 ans Débuts F1	**SCHUMACHER** Ralf
21 ans Karting	22 ans F.Ford 1600	23 ans Formule 3 GM-Lotus	24 ans GM Vauxhall F.3000 Int.	25 ans F.3000 Int.	26 ans Formule 3 Form.2 GB	27 ans F.3000 Int. Formule 3	28 ans F.3000 Int.	29 ans F.3000 Int.	30 ans Essayeur F1	31 ans Débuts F1 (non-qualif.)	**SOSPIRI** Vincenzo
13 ans Karting	14 ans Karting	15 ans Karting	16 ans Karting	17 ans Karting	18 ans Karting	19 ans Karting	20 ans Karting	21 ans Formule 3	22 ans Formule 3	23 ans Débuts F1	**TRULLI** Jarno
15 ans Karting	16 ans Karting	17 ans Karting	18 ans Karting	19 ans Karting	20 ans F.Opel-Lotus	21 ans Formule 3 F.Atlantic NZ	22 ans Déb.F1(10°)	23 ans F1(nc)	24 ans F1(16°)	25 ans Formule 1	**VERSTAPPEN** Jos
16 ans École pilote	17 ans AlfaCup	18 ans Formule 3	19 ans Formule 3	20 ans Formule 3	21 ans Formule 3 F.Atlantic	22 ans F.Atlantic	23 ans Indycar	24 ans Indycar	25 ans Déb.F1(2°)	26 ans Formule 1	**VILLENEUVE** Jacques
13 ans Karting	14 ans Karting	15 ans Karting	16 ans Karting	17 ans F.Ford 1600	18 ans F.Ford 1600	19 ans Formule 3	20 ans Formule 3	21 ans	22 ans LeMans - ITC Essayeur F1	23 ans Débuts F1	**WURZ** Alexander

41

Dossier nouvelles écuries

Arrows, Prost, Stewart. Toutes "nouvelle écurie", chacune à sa manière : de la création au rachat, en passant par la prise de contrôle, les circonstances sont fondamentalement différentes. Mais dans les trois cas c'est une nouvelle aventure...

Après avoir officié chez Benetton, Tom Walkinshaw, patron d'un groupe de treize mille personnes, a jeté son dévolu sur Arrows après s'être fait barrer la route pour racheter Ligier. Ancien pilote de GT et voitures de sport, Tom n'est pas un inconnu : son TWR a plusieurs titres et grands succès à son actif, dont Le Mans.

Arrows, c'est vingt ans et trois cent Grands Prix d'histoire, aucune victoire mais l'expérience et l'équipement adéquats. Walkinshaw est venu appliquer sa méthode : finances et hommes de qualité. D'entrée Damon Hill, champion du monde en titre : la chimie des ingrédients a d'abord fait un "flop" retentissant, le n°1 mondial connaissant l'enfer avant de décrocher un petit point à Silverstone. Puis John Barnard, ingénieur vedette ex-McLaren et Ferrari : ce fut Budapest, un week-end époustouflant perdu dans le dernier tour.

Rentré dans le rang, Damon aura "essuyé les plâtres" de l'équipe Arrows version TWR. Mais Walkinshaw est venu pour gagner le titre et même les deux, et nul ne doute qu'il y parviendra un jour.

Moins "businessman", Alain Prost a deux avantages sur ses homologues : sa connaissance parfaite de la F1 actuelle, son nom qui rallie. On connaissait les talents du pilote-metteur au point, restait à évaluer la compétence du chef d'entreprise. Il ne fallut que quelques courses pour qu'elle soit dévoilée, par l'incroyable dynamisme suscité par l'homme et son aura, mais aussi par sa nature méconnue de meneur d'hommes, de fédérateur et de fin stratège. Il y a du Napoléon dans cet homme-là, et les Anglais auront du mal à lui faire un coup de Trafalgar...

Jackie et Paul Stewart sont partis, eux, d'une feuille blanche. Estampillée Ford, mais vierge de tout acquis, de toute expérience, de tout équipement, de tout sponsor.

De ce fait, si ces trois équipes avaient terminé à égalité, le plus grand mérite reviendrait à celle-ci. Stewart, c'est aussi un nom et des antécédents : on ne présente plus Jackie, même si ses trois titres mondiaux sont un peu loin (cinq des pilotes actuels sont nés après sa retraite !), et la profession a honoré Paul à maintes reprises en F3 et F3000.

Après que l'annonce de l'arrivée de Stewart eût été faite début 1996, les média ne se sont guère préoccupés de sa gestation. La petite usine de Milton Keynes hâtivement transformée a fait frémir les responsables de Ford, le peu de frénésie des sponsors a jeté le doute sur l'avenir de l'entreprise, le recrutement manqué de Damon Hill a troublé sa crédibilité.

Et pourtant : la Stewart-Ford était bien sur le podium du Grand Prix de Monaco, le plus beau, le plus dur et le plus merveilleux pour ce très attachant tandem père-fils. Stewart Grand Prix a passé avec brio son examen d'entrée, et son passage en classe supérieure dans la hiérarchie des équipes est désormais programmé...

Budgets

Bien que ces informations soient jalousement tenues secrètes, il est toujours possible, par quelques estimations et connaissances des équipements des écuries, d'évaluer les budgets dont elles disposent.

Alain Prost, transparent, parlait en début d'année de 350 millions de francs... souhaités. La multiplicité de ses partenaires laisse à penser qu'il n'en est pas loin et le partenariat de Peugeot sera un atout supplémentaire. Arrows et Stewart disposeraient de moins de 300 millions. Mais la première dispose de la formidable machine de guerre TWR, et la deuxième du soutien inconditionnel de Ford.

Stands

Depuis le retour des ravitaillements, les mécaniciens sont devenus les artistes spectaculaires des Grands Prix. Réunis en une ruche magicienne, ils constituent parfois la clef du succès.

Légendes

1. Ferrari, Barcelone.
2. Jordan, Barcelone.
3. Benetton,
   Magny-Cours.

4

5

Légendes
8. *Ferrari, Barcelone.*
9. *Barcelone.*
10. *Jordan, Silverstone.*

Rookies

Débuter en F1, c'est toujours un grand moment. Des garçons comme Trulli, Wurz, Ralf Schumacher, et bien sûr Fisichella, n'ont pas déçu les observateurs et s'envolent pour une belle carrière.

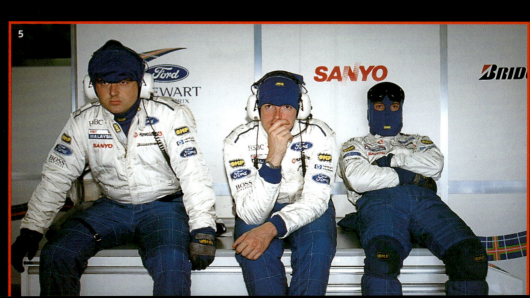

Ambiance

Charmants visages, têtes de stars, ou habitués en scènes incongrues, la Formule 1 est haute en couleurs et revendique son image "nec-plus-ultra" et de salon de la "jet-set".

Légendes

1. Crise du logement à Monte-Carlo.
2. La F1 est une chasse gardée.
3. Briatore en quête d'image pour Benetton.
4. Les riverains d'Imola rusent pour ne pas payer.
5. Salle d'attente dans les stands...
6. Eddie Jordan en tenue de ville.
7. Les "Jamiroquay" ont fait fureur.
8. John Surtees, toujours aussi vert.
9. Oups !
10. À Monza, Del Piero.

11

12

13

14

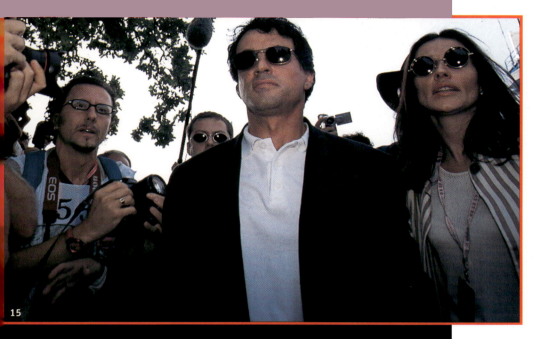

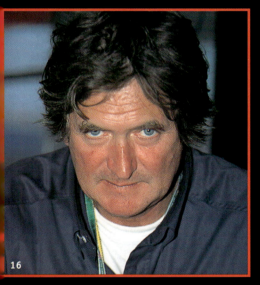

16

17

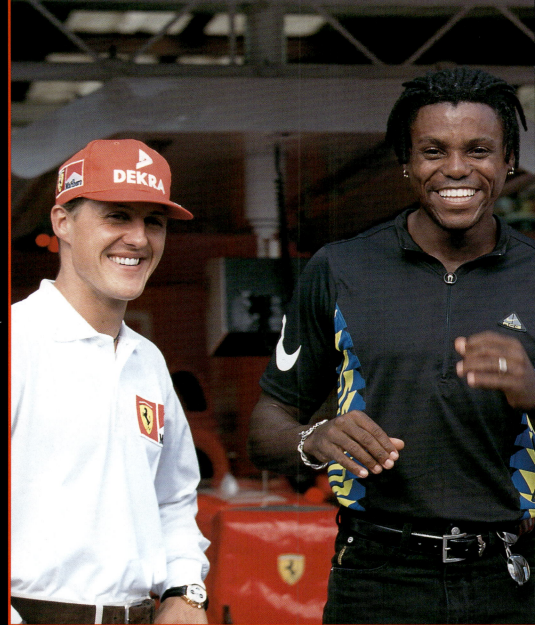

19

20

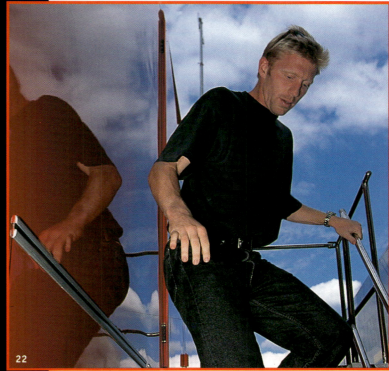

Dossier chronométrage

Espagne 1986, course : Senna bat Mansell de quatorze millièmes ; l'oeil nu n'aurait pu dire lequel avait franchi la ligne le premier.
Canada 1997, essais : Schumacher a la pole treize millièmes devant Villeneuve ; un chronomètre manuel eût laissé une part de doute. Le "timing" moderne élimine ces poussières, clefs de la victoire.

Le chronométrage doit être parfait : pour l'honneur du sport car on ne saurait imaginer un champion volé d'un succès à cause d'une machine et pour les entreprises impliquées dont l'enjeu économique et médiatique exige cette infaillibilité.
Le juge impartial et souverain qui a la responsabilité de ces verdicts sans appel doit élaborer et maîtriser une technologie qui parait venue d'une autre planète. Son travail consiste à capter, recueillir et transmettre une quantité monumentale de données.

L'identification des voitures est la base de tout bon chronométrage. Les monoplaces sont équipées d'émetteurs à différentes fréquences, dont les signaux sont captés par des antennes. Les ordinateurs traduisent la donnée électronique "origine du signal" (n° de voiture) / "heure de passage" en information claire : "nom du pilote" / "temps au tour". Cette information est transmise instantanément aux écrans de contrôle mis à disposition des écuries, de la presse, des officiels et de la régie générale de télévision. Cette dernière mettant elle-même immédiatement l'information à la disposition du téléspectateur, le fan de F1 installé à des milliers de kilomètres est informé au même instant que le patron d'écurie et le journaliste.
Le système est triplé de dispositifs complémentaires : dans le secret de la coulisse informatique, l'information est recoupée par deux systèmes de contrôle, qui l'avalisent. Ceci dans l'infinitésimale fraction de seconde qui sépare le passage de la voiture, de l'affichage sur les écrans. Et pour parer à toute contestation éventuelle, l'un de ces systèmes consiste en une caméra vidéo haute définition qui enregistre à cent images/seconde tout ce qui se passe sur la ligne. Ainsi, le mécontent se verra projeté sur un écran, avec l'heure de passage, l'image de sa voiture coupant la ligne d'arrivée. Mais depuis quelques années, personne n'ose contester la qualité et la justesse des calculs : ceux qui ont manifesté leurs doutes ont vite compris, démonstration à l'appui, qu'ils n'étaient pas justifiés...

Légendes
Le chronométrage:
comme un doigté féminin.

De plus, la procédure de départ faisant l'objet d'un régle-ment très pointilleux, sa surveillance est aussi sous contrô-le technologique. Sur la grille, chaque voiture est placée sur un minuscule capteur enfoncé dans le bitume, et le moind-re mouvement anticipé sur l'extinction des feux est aussitôt "mouchardé" aux commissaires qui peuvent apprécier la gra-vité de la faute, et décider de punir ou non.

Comme bien des progrès, la machine a pris la place de l'hom-me : le chronométreur manuel dont la tâche était vitale au sein de l'écurie. Mais elle a eu du mal : en 1984 lors de son passage de Renault chez McLaren, Alain Prost exigea que sa chronométreuse l'accompagne. Et longtemps le doigté d'Anne Boisnard resta pour lui le seul arbitre valable face aux instruments pourtant déjà très fiables.

Tag heuer, maître du temps

Au départ, il y avait Heuer, société suisse de haute préci-sion impliquée en Formule 1 dès les années soixante-dix. Quelques années plus tard, le groupe TAG (Techniques d'Avant-Garde) contrôlé par la famille saoudienne Ojjeh s'in-vestit dans le sport automobile comme partenaire de Williams, puis de Porsche et de McLaren pour quelques pages de gloire. En 1985, TAG rejoint Heuer. En 1992, TAG Heuer conclut un contrat d'exclusivité avec la FIA pour assurer le chronométrage officiel du championnat du monde, contrat reconduit depuis jusqu'en 2001. TAG Heuer est également le maître des temps dans le ski et de nom-breux autres sports.

Légendes
  Page 64-65
  À chaque entrée et sortie, le pointage.
  Page 66-67
1. *Les capteurs-"cafteurs" sont scelles dans le bitume.*
2. *Le chronométrage est au service de tous.*

Déceptions

Un réflexe malheureux ou un caprice mécanique, et tous les espoirs et efforts s'envolent d'un coup. C'est parfois la pire des défaites, celle que l'on ne peut imputer à l'adversaire.

Légendes

1. *L'atterrissage est parfois brutal.*
2. *Interlagos : il y eût heureusement un 2ème départ.*
3. *Imola : Coulthard en panne aux essais.*
4. *Les graviers, symboles d'espoir échoué.*

1

3

4

69

Couleurs et Graphisme

Formes, lignes, couleurs, lumières....
Saisie dans l'instant, toute l'ambiance de la formule 1 et son
émotion viennent vibrer dans ces quelques pages pour le
bonheur des yeux.

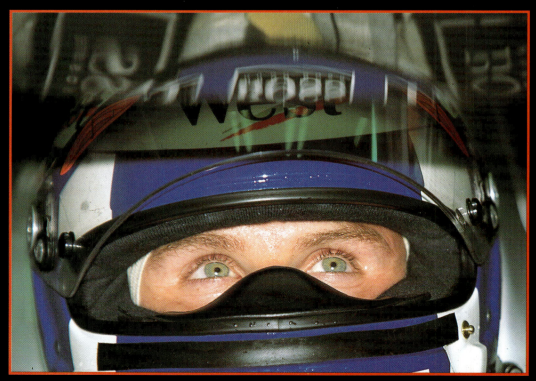

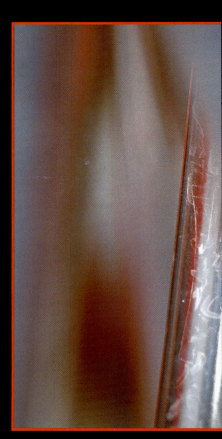

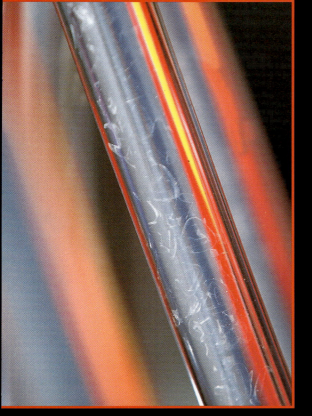

Circuits

Simulation des tours fournie par Tyrrell Racing Organisation.

113	Speed (km)
3	Gear
1.9	'G' Force

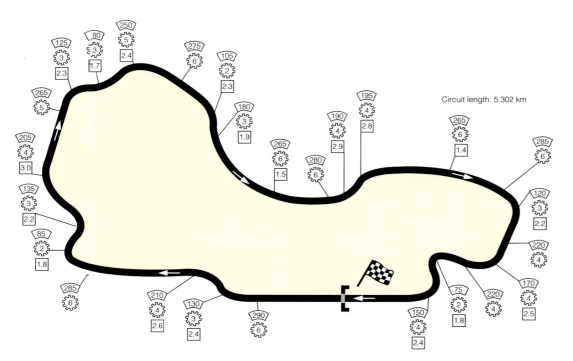

Circuit length: 5.302 km

1

Melbourne

(AUSTRALIE)
Le **GRAND PRIX CIRCUIT** se situe dans le cadre verdoyant de l'Albert Park, autour du lac du même nom, dans le sud de la ville de Melbourne près de la baie de Port Phillip.

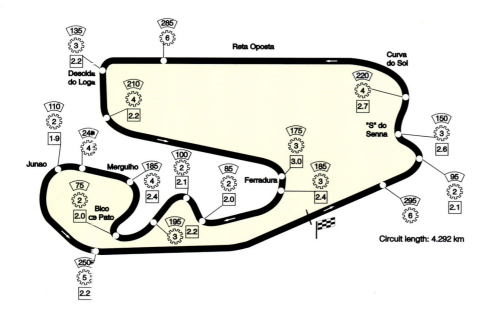

Circuit length: 4.292 km

2

São Paulo

(BRÉSIL)
L'AUTODROMO JOSÉ CARLOS PACE (pilote local décédé en 1977 dans un accident d'avion) est à une quarantaine de minutes au sud du centre de São Paulo. Il est un des rares tracés à offrir un panorama exceptionnel.

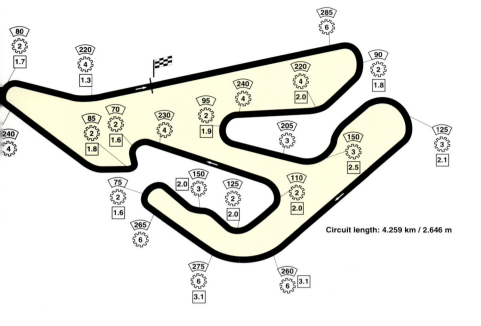

Circuit length: 4.259 km / 2.646 m

3

Buenos Aires

(ARGENTINE)

L'AUTODROMO OSCAR GALVEZ (pilote local des années cinquante, mort en 1989) est dans la banlieue nord sur la route de l'aéroport, à une trentaine de minutes du centre ville.

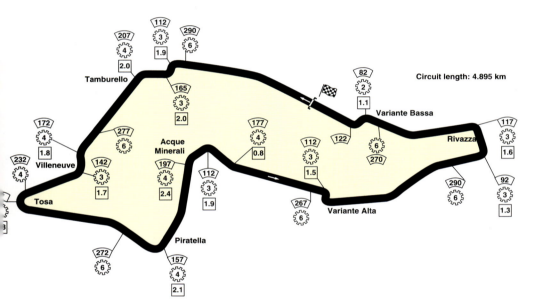

Circuit length: 4.895 km

4

Imola

(SAINT-MARIN)

La principauté de Saint-Marin étant très exigue (et escarpée), son Grand Prix se déroulesur **l'AUTODROMO ENZO E DINO FERRARI** (des noms du Commendatore et de son fils mort très jeune) à Imola, à peu près à mi-chemin entre Bologne et San Marino en Emilie Romagne.

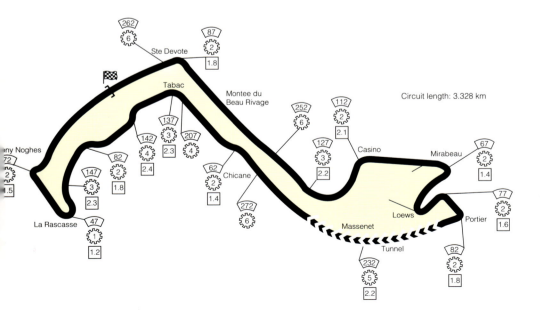

Circuit length: 3.328 km

5

Monte-Carlo

(MONACO)

Organisé près du port de **MONTE-CARLO**, le plus fameux des quatre quartiers de la Principauté, ce Grand Prix est peu pratique pour travailler mais reste le plus prestigieux de tous.

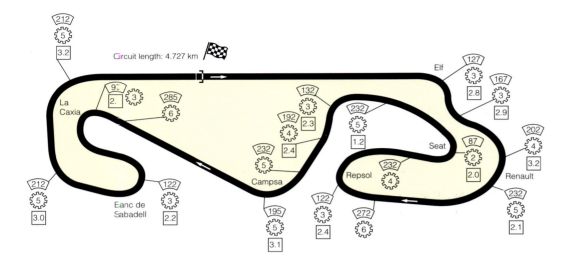

Circuit length: 4.727 km

La Caxia · Banc de Sabadell · Campsa · Repsol · Seat · Elf · Renault

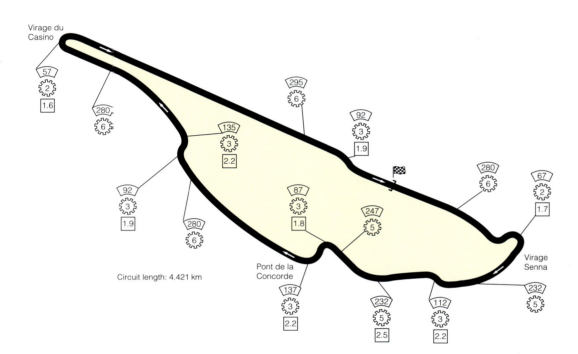

Virage du Casino · Pont de la Concorde · Virage Senna

Circuit length: 4.421 km

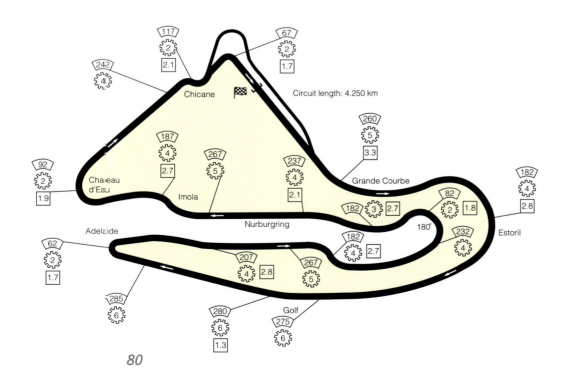

Chicane · Château d'Eau · Imola · Adelaide · Nurburgring · Golf · Grande Courbe · 180° · Estoril

Circuit length: 4.250 km

6
Barcelona

(ESPAGNE)

Le **CIRCUITO DE CATALUNYA** est sur la commune de Montmelo, dans la cuvette formée par de hautes collines près du village de Granollers à 20 kms au nord-est de Barcelone.

7
Montréal

(CANADA)

Le **CIRCUIT GILLES-VILLENEUVE** (pilote local décédé en 1982 sur le circuit de Zolder et père de Jacques) est dans le parc Notre-Dame, sur l'île du même nom dans le sud de Montréal. Les marmottes y vivent de grandes émotions...

8
Magny-Cours

(FRANCE)

Le **CIRCUIT DE NEVERS-MAGNY-COURS** est en pleine campagne presque au coeur du pays : à 12 kms au sud de Nevers, 200 de Paris. L'écurie Prost y est encore installée jusqu'à son déménagement pour Versailles en février 1998.

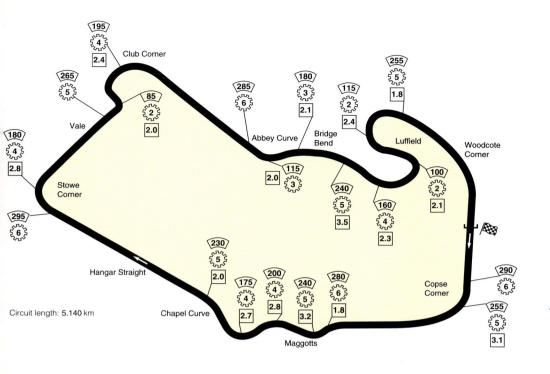

Silverstone

195 4 2.4 — Club Corner
265 5 — Vale
85 2 2.0
180 4 2.8
Stowe Corner
295 6
Hangar Straight
Circuit length: 5.140 km
230 5 2.0
Chapel Curve
175 4 2.7
200 4 2.8
240 5 3.2
280 6 1.8
Maggotts
285 6 2.1 — Abbey Curve
180 3 2.1 — Bridge Bend
115 2 2.4
255 5 1.8
Luffield
100 2 2.1
160 4 2.3
Woodcote Corner
115 3
240 5 3.5
2.0
Copse Corner
290 6
255 5 3.1

9 Silverstone

(GRANDE-BRETAGNE)

Plus ancien tracé du championnat du monde, le **SILVERSTONE CIRCUIT** est à 100 kms au nord-ouest de Londres, au sud de Birmingham près de Buckingham. L'écurie Jordan y est installée et son homologue Stewart n'est pas loin.

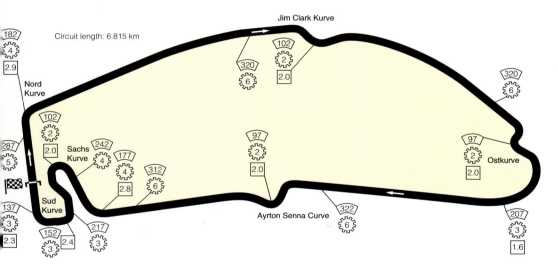

Circuit length: 6.815 km
Jim Clark Kurve
102 2 2.0
320 6
182 4 2.9
Nord Kurve
102 2 2.0
287 5
137 3 2.3
152 3 2.4
Sud Kurve
217 3
Sachs Kurve
242 4 2.8
177 4
312 6
97 2 2.0
Ayrton Senna Curve
322 6
320 6
97 2 2.0
Ostkurve
207 3 1.6

10 Hockenheim

(ALLEMAGNE)

L'HOCKENHEIMRING est à 30 kms au sud de Mannheim, 90 de Francfort. Une partie du circuit évolue dans un immense "stadium", lieu d'une ambiance particulièrement généreuse.

132 3 2.3
180 4 2.2
267
Circuit length: 3.968 km
182 4 2.3
107 2.0
127 3 2.2
277 6
232 4
97 1.9
232 4
97 1.9
190
232 5
142 2.4
187 2.2
132 3
227 5 2.5
177 4 2.7
152 3 2.3
232 4
127 3 2.3

11 Budapest

(HONGRIE)

L'HUNGARORING est en pleine campagne à 20 kms à l'est de Budapest, au village de Mogyorod. Comme Interlagos, il offre d'excellents points de vue d'ensemble aux spectateurs, dont les Hongrois constituent la minorité.

81

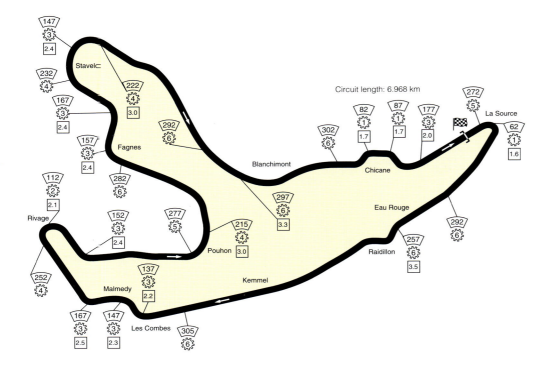

Circuit length: 6.968 km

12
Spa

(BELGIQUE)

Mythique, extrêmement valloné et spectaculaire, le tracé de **SPA-FRAN-CORCHAMPS** est situé dans les Ardennes belges, à 50 kms au sud-est de Liège, tout proche de la frontière allemande (les frères Schumacher y sont plus proches de chez eux que lorsqu'ils sont à Hockenheim ou au Nürburgring).

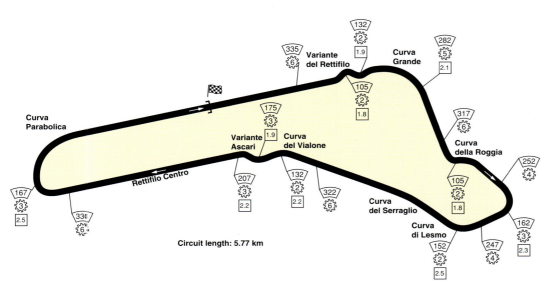

Circuit length: 5.77 km

13
Monza

(ITALIE)

Autre haut lieu du sport automobile mondial, fameux pour l'intensité des suporters italiens, **l'AUTODROMO DI MONZA** est dans un parc semi-urbain, à 15 kms au nord de Milan.

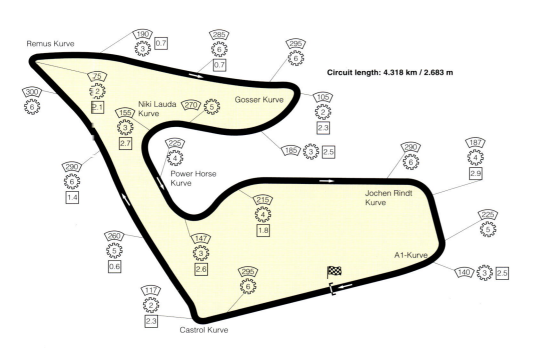

Circuit length: 4.318 km / 2.683 m

14
Spielberg

(AUTRICHE)

Le **A1 RING** est un nouveau tracé, qui n'a plus rien à voir avec l'ancien Ôsterreichring utilisé pour la dernière fois en 1987. Il est près de Zeltweg, à 200 kms au nord-ouest de Graz.

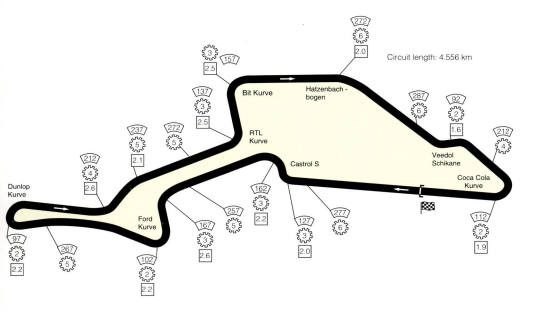

Circuit length: 4.556 km

15
Nürburgring

(LUXEMBOURG)
Après avoir accueilli le Grand Prix d'Europe, le **NÜRBURGRING** oeuvre pour le Grand Duché. Il est à 60 kms à l'ouest de Koblenz, au coeur du superbe massif de l'Eifel.

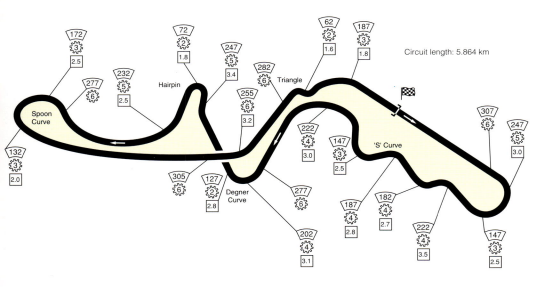

Circuit length: 5.864 km

16
Suzuka

(JAPON)
C'est dans le cadre d'un parc d'attractions appartenant à Honda que se déroule le Grand Prix du Soleil Levant. Le **SUZUKA CIRCUIT** est à 50 kms au sud-ouest de Nagoya.

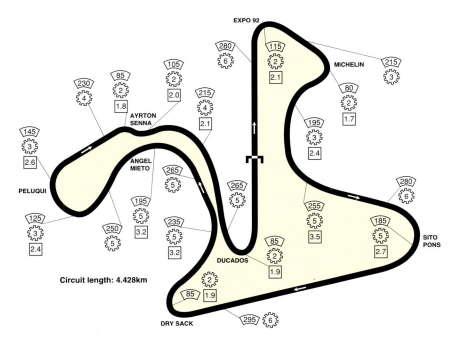

Circuit length: 4.428km

17
Jerez

(EUROPE)
Reprenant le flambeau de Grand Prix d'Europe (qu'il a déjà tenu en 1994), le circuit de **JEREZ DE LA FRONTERA** est à peu près à mi-chemin entre Séville et Cadix, non loin de la mer.

Dossier Renault

Au soir de 1997 Renault interrompt pour la seconde fois son épopée en Formule 1. "Interrompt" car nul ne peut croire que ce point soit final, mais la suite sera alors une autre histoire. En attendant, le bilan de dix-huit saisons est éloquent et mérite cet hommage.

Pour un constructeur d'envergure mondiale, venir en Formule 1 est un pari audacieux, coûteux et risqué, même au milieu des années soixante-dix. Malgré l'expérience acquise en Formules 3 et 2 puis en voitures de sport, chacun chez Renault le sait. Paradoxe : au lieu de se lancer dans le choix défriché du moteur atmosphérique, la Régie savonne elle-même un peu plus ce terrain glissant en décidant d'être la pionnière du turbocompressé.

Quand la RS01 s'élance sur le circuit de Silverstone le 14 juillet 1977, les Britanniques s'esclaffent et la surnomment aussitôt "la théière jaune". Les débuts, laborieux, contraignent l'équipe à se limiter à quatre participations. Les choses sérieuses commencent en 1978, avec les premiers points. Les sourires de la concurrence se transforment en accents circonflexes, profondément marqués lorsque Jean-Pierre Jabouille remporte le Grand Prix de France 1979, vingt-cinquième engagement de la trouble-fête. L'ascension se poursuit, jusqu'à frôler le sommet en 1983 quand Alain Prost perd le titre bien que le droit joue en faveur de la Régie dans une histoire d'essence non-conforme utilisée par l'adversaire. Après deux saisons supplémentaires en tant qu'écurie, la direction ferme un des robinets en ne gardant que l'option motoriste. Avec Ligier, Tyrrell et surtout Lotus et Senna s'écrit la fin du premier chapitre, sur un bilan de 50 pole positions et 20 victoires en 140 Grands Prix.

Légendes
Page 84-85
Ultimes essais dans le calme d'hiver.
Page 86-87
1. *L'Équipe d'origine restera aussi dans les memories.*
2. *Schumacher, et un fabuleux quarté.*
3. *Parfois une sensation de solitude.*

Comme pour Niki Lauda, le démon de midi reprend les décideurs, et après deux années sabatiques, Renault revient en 1989, définitivement à vocation de motoriste. Retour presque gagnant avec Williams qui termine dauphin de l'indéboulonnable McLaren. Après avoir été répétée en 1991, cette -pire- position se transforme en consécration qui, cinq années durant, n'est plus contestée. Il fallut attendre cette saison, celle du vingtième anniversaire et des seconds adieux, pour que la route s'avère plus difficile ; quoique mettre un genou à terre devant la flamboyante Ferrari et le Kaiser Michael Schumacher ne soit pas en soi un véritable déshonneur...

Cédant sa place à Mécachrome, Renault s'oriente vers de nouveaux challenges propres à compléter la démonstration de ses compétences, largement faite en Formule 1. Nul doute qu'à l'image de 1987-88, une cellule de veille demeurera active dans l'ombre, avec l'espoir que le troisième millénaire donnera le feu vert pour un troisième chapitre, tout aussi glorieux que celui qui se ferme.

Nota : on trouvera le palmarès de Renault en fin d'ouvrage, au sein des statistiques globales du championnat du monde de 1950 à 1997.

4

5

6

Légendes

4. Senna, Lotus, Renault : trio épouvantail de 1986.

5. Hill et Prost, l'éleve et le maître.

6. Senna, 1994 : un tragique retour.

7. Schumacher-Hill bientôt liés par Renault.

8. Prost vers un quatrième titre.

7

8

10

11

12

Légendes

9. *Mansell: de sacrés grands moments.*
10. *Arnoux-Prost, un tandem de choc en 1981-82.*
11. *Une fleur de Lotus...*
12. *Avec Renault, Schumacher conquit son 2ème titre.*
13. *Prost, Brésil 1993 : l'histoire en marche.*

13

Fidèle aux Français

Renault a bien rempli son rôle d'ambassadeur et de promoteur des pilotes français en Formule 1, au nombre de 13 dans la liste des 34 acteurs de son aventure.

Inventaire chronologique : Jean-Pierre Jabouille (F), René Arnoux (F), Alain Prost (F), Eddie Cheever (USA), Elio De Angelis (I), Nigel Mansell (GB), Derek Warwick (GB), Patrick Tambay (F), Andrea De Cesaris (I), François Hesnault (F), Philippe Streiff (F), Ayrton Senna (BR), Jacques Laffite (F), Martin Brundle (GB), Stefan Bellof (D), Ivan Capelli (I), Johnny Dumfries (GB), Philippe Alliot (F), Riccardo Patrese (I), Thierry Boutsen (B), Erik Comas (F), Damon Hill (GB), Mark Blundell (GB), Olivier Panis (F), Eric Bernard (F), David Coulthard (GB), Johnny Herbert (GB), Frank Lagorce (F), Michael Schumacher (D), Jacques Villeneuve (CDN), Jean Alesi (F), Gerhard Berger (A), Heinz-Harald Frentzen (D), Alexander Wurz (A).

1 Melbourne

Grand Prix d'Australie

Après qu'un vent de panique ait soufflé aux essais avec une pole d'anthologie pour Jacques Villeneuve, un accrochage au départ offre à ce premier Grand Prix de la saison un résultat tout à fait inattendu.

Aux essais libres, les choses avaient plutôt bien commencé pour les adversaires du Canadien. Vendredi matin, Alesi est meilleur temps devant Schumacher et Villeneuve ; l'après-midi, l'Allemand pointe devant Frentzen, Alesi et Villeneuve tandis que son petit frère Ralf s'adjuge une belle cinquième place. Samedi matin, Villeneuve frappe un premier coup en explosant son temps de 1996 de près de quatre secondes, battant son équipier de 1"5. A ce moment, il est encore permis de penser que le reste du plateau va se rapprocher. Il n'en est rien : une plus forte température réduit les vitesses d'ensemble, mais la Williams-Renault reste intouchable et augmente même l'écart à 1"7.

Pour Ferrari et McLaren, les positions de grille restent satisfaisantes ; en revanche, Alesi et Berger ne sont qu'en quatrième et cinquième lignes ! Même déception pour Panis dont la Ligier devenue Prost avait effectué de prometteurs essais hivernaux, et pour les Jordan qui sont aussi distancées en essais officiels qu'elles ont brillé en libres ! Mais la plus pathétique situation est sans nul doute celle de Damon Hill, qui a livré un combat sans merci à sa machine, arrachant de justesse sa qualification. Le retard de son équipier Diniz (plus d'une seconde) en dit long sur le mauvais potentiel des Arrows-Yamaha... dont la seule consolation est de reléguer les pauvres Lola à plus de cinq secondes !

De pathétique, la situation de Hill devient dramatique quand son Arrows le trahit dès le tour de chauffe ; le champion du monde déjà tombé figurant devient simple spectateur ! Villeneuve n'est pas mieux loti : parti prudemment, il est bousculé par l'impétueux Irvine et termine sa course dans le premier virage, entrainant Herbert avec lui. Nouvel élu Williams, Frentzen tire profit de cette situation et file en tête, poursuivi par les McLaren et Schumacher, les Benetton et Panis. Très vite l'Allemand se taille une confortable avance grâce à ses gommes tendres et l'on atteint ainsi les premiers ravitaillements tandis que Ralf Schumacher, Verstappen et Fisichella grossissent les rangs des sorties de piste. Reparti troisième après son ravitaillement, Frentzen récupère le commandement lors des arrêts de Coulthard et Schumacher, et se rebâtit une nouvelle avance qui devrait lui permettre de rester leader après son deuxième stop. Hélas, comme il en est de tradition périodique chez Williams, la roue arrière droite se montre récalcitrante, le nouveau héros perd une bonne dizaine de secondes de plus qu'il n'en eût été nécessaire, et ne repart que troisième.
Un second arrêt imprévu de Schumacher pour quelques gouttes d'essence lui rend la deuxième place, mais à trois tours de l'arrivée les freins défaillants l'expédient piteusement au tapis.

Coulthard triomphe à la surprise générale mais après une fort belle course, et le retour au sommet de McLaren après quarante-neuf Grands Prix à jeûn est une bénédiction, pour Ron Dennis et aussi pour le championnat qui démarre de façon imprévue et intéressante. Côté débutants, l'équipe Stewart mérite un coup de chapeau pour sa performance d'ensemble tout au long du week-end, tout comme Jarno Trulli qui a révélé en course un véritable potentiel ; Ralf Schumacher pour sa part n'a pu étaler le sien qu'aux essais, victime en course de l'impatience qui caractérise souvent tout aussi jeune pilote que lui.

Le fait marquant

LE RETOUR DE McLAREN La victoire de Coulthard dans ce Grand Prix est la première d'une McLaren depuis le Grand Prix d'Australie de fin 1993, soit 49 courses "sans". C'est la plus longue période de "vaches maigres" de l'équipe britannique depuis sa reprise par Ron Dennis en 1981.

Potins du week-end

ÉCOLOGISTES Comme en 96, les écologistes de Melbourne ont fait des leurs à l'occasion du Grand Prix. Et les transports en commun s'y sont mis aussi avec leurs protestations parallèles : en grève les trois jours du Grand Prix, ils auraient occasionné un manque à gagner de l'ordre de deux millions de dollars.

LA GRANDE INCONNUE L'écurie Lola, c'est la grande inconnue, la seule voiture à n'avoir pas tourné en essais privés avant le début de la saison. Brut de décoffrage, la monoplace de Sospiri et Rosset est attendue avec le même scepticisme que le furent en leur temps les Andrea Moda ou autres Forti.

UNE ÉCURIE VILLENEUVE Jacques Villeneuve envisagerait -comme son père en 1982- de monter sa propre écurie pour 1999, avec l'aide de Reynard et du cigarettier Player's. Ses deux hommes d'affaires Craig Pollock et Julian Jakobi sont bien entendu les têtes de pont de ce projet, dont ils démentent pour l'instant l'existence.

CHARLIE WHITING Celui que Flavio Briatore appelle avec malice "l'ancien mécanicien - à la - Brabham", ex-délégué technique de la FIA, est devenu directeur de course et délégué à la sécurité. Jo Baüer (ancien délégué technique ITC) est promu à sa place.

2 Grand Prix du Brésil

En terre brésilienne qui ne lui avait pas réussi l'an passé, Jacques Villeneuve conquiert son premier "hat-trick" de l'année (pole position, victoire et meilleur tour) et remet les pendules à l'heure...

Le tracé d'Interlagos est particulièrement bosselé et à cause de cela vendredi Larini perd le contrôle de sa Sauber, Irvine part dans le gravier et Alesi tape le muret de la sortie des stands. Les résultats de cette première journée sont délicats à analyser : les Williams n'ont pas sorti toute leur cavalerie, et le mauvais temps de Michael Schumacher ne peut enterrer les chances de Ferrari. Samedi, le temps est plus lourd. Aux essais libres Ralf Schumacher sort à vive allure, sans dégats. Les écarts sont très serrés : huit pilotes dans la même seconde, tout le plateau en deux et demie, impossible de prévoir une hiérarchie et Villeneuve aura du mal à rééditer son coup des essais de Melbourne. Sa pole affiche tout de même 59/100 de mieux que ses rivaux, Michael Schumacher en tête qui confirme le potentiel réel de la Scuderia.

Coulthard, vainqueur en Australie, est pâle douzième sur la grille du Brésil. La surprise n° 1 vient de Panis, cinquième malgré des essais du matin écourtés par un moteur défaillant ; le deuxième prix revient à Fisichella, et les Arrows font preuve de progrès stupéfiants. Par contre, Frentzen se retrouve seul face à quelques interrogations... alors que le matin il avait réussi un temps qui l'aurait placé troisième ! Mais l'enseignement principal concerne l'écart d'à peine trois secondes entre la pole et le dernier : tout le monde est dans la limite des 107% et Stewart est dans le rang. C'est un plateau remarquablement équilibré.

Michael Schumacher force le passage et Villeneuve laisse un morceau de moustache dans l'herbe... Fisichella se met en travers, Irvine heurte Magnussen qui finit dans le sable, Hill abime son capot avant : pauvre Damon ! Chance : le moteur de Barrichello s'est étouffé sur la grille et la course est arrêtée pour évacuer la Stewart. Villeneuve, Hill, Fisichella et Barrichello sont sauvés, mais Magnussen est forfait.

Le poleman n'oppose aucune résistance lorsque la Ferrari réitère son attaque dans le second départ... et avant que le tour soit bouclé récupère le commandement. Derrière les deux hommes suivent Hakkinen, Berger, Alesi, Panis et Hill. Irvine a pris un très mauvais départ et Katayama a calé mais repart tout de même, avec deux tours de moins.

Villeneuve creuse l'écart et dans son dos Schumacher a du mal à contenir un Berger déchainé qui finit par le passer. Un autre grand match se joue et dure entre Coulthard et Fisichella pour la septième place. Villeneuve consolide sa position mais Berger se montre très incisif tandis que l'on constate que Panis, comme les autres Bridgestone, ne s'arrêtera qu'une fois. La Prost fait course égale avec les leaders :

le poids de son réservoir ne la gêne pas et elle s'impose aux McLaren et Ferrari ! À l'occasion du second ravitaillement du Canadien, Berger prend la tête puis, revenu deuxième, mène jusqu'au bout la vie dure à la Williams. Ce n'est qu'à cinq tours de la fin que l'écart se stabilise. À une poignée de secondes, Panis maîtrise une menace de panne d'essence, et offre à Prost son premier podium d'écurie ! Hakkinen, Schumacher et Alesi s'accaparent les quelques points restants dans ce classement qui compte pas moins de 18 pilotes sur 22 qualifiés !

Dans l'ombre des vainqueurs, Bridgestone a affiché la redoutable qualité de ses produits ; dans le même temps on a noté le retour aux affaires des Benetton et de Hill, hélas en panne à 4 tours de l'arrivée.

Le fait marquant

LOLA FORFAIT Lola renonce au Grand Prix du Brésil... et probablement au reste de la saison ! Il a suffit d'un différend avec le sponsor Mastercard qui aurait découvert que les T97/30 ne sont que des F3000 adaptées au réglement F1 ! Les spécialistes ont d'ailleurs reconnu les triangles de suspension et bien d'autres éléments caractéristiques. Nul ne ressort indemne de cette affaire, pas même la F1.

Potins du week-end

BIC EN PLUS Le leader mondial des stylos à bille, briquets et rasoirs jetables Bic, a signé un accord de partenariat de quatre ans avec l'écurie Prost Grand Prix. Un sponsoring dans la ligne de ceux effectués EN cyclisme (Anquetil, Ocana et Poulidor), golf (Faldo) et football (Papin et Cantona).

SENNA TRAHI ? Rumeur-controverse autour des activités de la Fondation Ayrton Senna, dont les produits ne s'arrachent plus comme avant. Viviane Senna sa soeur, et Julian Jakobi, son ancien manager et am, restent les seuls vrais garants de la pérennité de l'entreprise.

KATAYAMA EN INDY L'année prochaine, le Japonais de Minardi ne sera probablement plus en F1 mais en Indycar. Ses difficultés pour trouver un bon volant en F1 semblent avoir eu raison de sa patience, et ses attaches avec Toyota lui permettraient de se reconventirdans les meilleires conditions.

PIQUET DANS SES OEUVRES Le triple champion du monde 1981-83-87 emmenait faire un tour du circuit d'Interlagos à tous ceux qui voulaient bien débourser entre 500 et 1000 dollars. Le profit de cette action était destiné aux oeuvres caritatives dont Nelson s'occupe (très discrètement) depuis près de dix ans.

São Paulo

Légendes
Page 99

1. *Nouveau décor autour d'Interlagos.*

Page 100-101

2. *Berger troisième, puis deuxième.*
3. *Ralf Schumacher : sourire carnassier.*
4. *Un podium justifie-t-il cette moue ?*
5. *Malgré l'attaque, Michael est battu.*
6. *Villeneuve, c'est parti !*
7. *Hakkinen n'a rien pu contre Panis.*

1

Grand Prix d'Argentine

Bien qu'affaibli par une maladie tropicale, Jacques Villeneuve continue son insolente domination aux essais, et avec un deuxième succès s'installe seul maître à bord pour la traversée du championnat du monde.

L'inconvénient du circuit de Buenos Aires est son revêtement. Même si quelques travaux ont aplani les bosses, les pilotes se plaignent des secousses en certains endroits. La poussière est un autre souci, important avec la nouvelle donne pneumatique où Goodyear doit faire face à Bridgestone. En l'occurrence, ce dernier place vendredi une Stewart (Barrichello) et une Prost (Panis) derrière Villeneuve. Journée lourde d'interrogations après la non-transformation par Ferrari de ses temps du matin, la contre-performance des McLaren et la bonne forme des Jordan. Samedi matin, Barrichello et Panis confirment et Frentzen prend l'ascendant sur tout le monde, huit dixièmes devant Villeneuve. En qualifications, Michael Schumacher ouvre le feu puis Villeneuve fait huit dixièmes de mieux ! La barre est très haut et Jacques améliore encore. Dans la foulée des Williams, Panis reste troisième devant Schumacher, et Barrichello qui complète la réussite du manufacturier japonais. En revanche grosse déception chez Benetton et McLaren de nouveau hors du coup comme à São Paulo. Cette grille, encore atypique, prouve l'immense chambardement en marche dans la hiérarchie F1.

Au moment de s'élancer dans le tour de formation, Frentzen reste un moment sur place et doit ensuite prendre le risque de salir ses pneus pour se replacer à l'endroit qui lui a été attribué. Son départ n'est pas fumant, alors qu'au contraire Villeneuve part comme un boulet. Derrière, Michael Schumacher tasse Panis et s'emmêle les pinceaux... Dans la bagarre, Barrichello est harponné par la Ferrari, Alesi évite les voitures en perdition, Ralf Schumacher arrache une roue de Coulthard et Magnussen file dans l'herbe ! Les Williams entrainent Irvine et Panis (puis l'inverse), Fisichella, Hill, Herbert, Schum' junior, Alesi, Diniz... La voiture de sécurité vient calmer tout le monde, permettant du même coup à Barrichello de regrimper dans le classement avec maestria. Au cinquième tour Frentzen disparait et Panis est deuxième, nullement dépassé par les événements : il suit le rythme de Villeneuve sans trop de mal. Mais la mécanique le lache. Irvine prend alors le relais devant Fisichella, Herbert, Ralf Schumacher... Alesi et Hill ont rétrogradé à la suite d'une passe d'armes qui a mal tourné.

Après les premiers ravitaillements, "petit Schumi" se retrouve en deuxième position alors que Fisichella est sorti de la piste. Quelques tours plus tard l'Allemand ravitaille, puis Villeneuve pour la deuxième fois, et Irvine prend alors le commandement. Cette grande première (l'Irlandais n'avait jusqu'à présent jamais mené un Grand Prix) ne dure que cinq tours : jusqu'à son propre arrêt au stand. Alors Villeneuve reprend la tête et ne la lache plus. Toutefois, les choses ne sont pas si sim-ples car le Canadien a prévu trois arrêts, contrairement au reste du plateau. Ce pit-stop supplémentaire n'est pas loin de lui coûter la victoire, d'autant que l'attaque finale de la Ferrari est digne d'anthologie. Mais en dépit de son état de santé, Jacques tient bon. Derrière Irvine, Schumacher junior signe son premier podium et devance un superbe trio qui reçoit la palme d'or des bagarres du week-end : Herbert-Hakkinen-Berger, l'Autrichien se payant le luxe de plusieurs records du tour et marquant - comme le Finlandais - pour la troisième fois en trois Grands Prix.

Le fait marquant

RALF SCHUMACHER Après seulement trois Grands Prix, le petit frère du double champion du monde a décroché son premier podium de façon fort méritante. Sa rivalité incontrôlée avec son équipier Giancarlo Fisichella est cependant devenue un problème cornélien pour Eddie Jordan.

Potins du week-end

LA 600ème ! Six-centième manche en bientôt 48 ans de championnat du monde : l'événement se fête et chaque pilote avait à coeur de remporter ce Grand Prix symbolique. Les prédécesseurs sont tous restés illustres : Moss (100ème), Stewart (200ème), Peterson (300ème), Lauda (400ème) et Piquet (500ème). Les quatre vivants étaient à Buenos Aires pour rendre un hommage au cinquième : le Suédois décédé à Monza en 1978.

LOLA REVIENT ? À en croire Eric Broadley son mythique et fantasque patron, Lola reviendrait en F1 à Imola, grâce à un accord avec un partenaire suppléant MasterCard. L'information est considérée distraitement par la presse internationale... qui attend de voir pour croire. L'entreprise Lola dans son ensemble a été ébranlée par les pertes occasionnées par ce "faux départ" en F1.

PROST, ÇA BOUGE ! Deux mois après sa prise de contrôle de l'écurie, Alain Prost songe à ses premiers changements d'importance, en particulier au déménagement (sans doute Versailles) et à certains mouvements de personnel. Une structure marketing a été mise en place et le staff technique ne devrait pas tarder à s'étoffer de nouvelles (grosses) têtes...

4 Grand Prix de Saint-Marin

Briser "le signe indien", gagner un Grand Prix, tel était le voeu de Frentzen, et plus que jamais depuis qu'il était chez Williams. Il a réussi... mais les Ferrari ont aussi confirmé leur rôle de challenger.

Il est clair dès les premiers essais, que Frentzen a adopté certaines règles qui s'imposaient pour tirer la quintessence de sa superbe machine. Du coup, dès le vendredi la Williams nl4 montre le bout de son nez, et s'affirme capable de briguer la pole. La bagarre est chaude entre les deux équipiers et l'Allemand ne s'incline que pour trois dixièmes : nettement plus honorable qu'aux trois courses précédentes !

Imola pose de gros soucis de freins aux équipes, y compris Williams, et justement Frentzen a perdu le premier Grand Prix à cause d'eux. Les Ferrari sont aussi à la peine sur ce dossier : Schumacher autant qu'Irvine est victime de glissades et écarts dans l'herbe pendant les essais libres ; heureusement, les techniciens de la Scuderia résolvent le problème pour les essais qualificatifs... mais en configuration de course avec des réservoirs pleins, c'est un peu l'inconnu. Cet aspect inquiète tout le monde, même Panis qui est encore en deuxième ligne ! Chez Benetton, le souci concerne les positions de départ : sixième et septième lignes ! Seul un "coup de poker" peut sauver la mise et permettre de grapiller des points. Chez Jordan en revanche les places de grille permettent d'espérer un nouveau podium... si les pilotes ne s'accrochent pas comme à Buenos Aires : un incident qui les a bien fâchés !

Au départ, Villeneuve part devant Michael Schumacher, Frentzen, Ralf Schumacher, Herbert formidable, Panis surpris, Irvine, Fisichella, Hakkinen, Coulthard, Alesi qui gagne trois places d'entrée. Hill s'élance des stands avec le mulet à cause d'une fuite d'huile sur sa voiture, Trulli victime de sa boite ne boucle pas le premier tour et dès le deuxième Magnussen sort de la piste, imité par Berger au cinquième. Les trois hommes de tête s'envolent. Un groupe les suit à huit secondes, puis Alesi, Barrichello-Larini-Diniz et le peloton. Au douzième tour, deux Bridgestone partent au fossé : pressé de remonter au classement, Hill fait preuve d'optimisme et heurte Nakano !

Devant, les trois furieux prennent déjà un tour à Katayama, tandis que Ralf Schumacher casse un arbre de roue et que Herbert explose son moteur. Alors que Panis ravitaille confronté à de gros ennuis, l'issue de l'épreuve se précise : le vainqueur est sur Williams ou Ferrari ; Irvine quatrième est prêt à saisir toute défaillance des leaders.

Au vingt-quatrième tour, Schumi ravitaille, puis Villeneuve, trop longuement : Frentzen prend la tête et après son arrêt reste au commandement si bien que Villeneuve chute troisième... avec une boite de vitesses récalcitrante. Tour après tour le Canadien perd du terrain alors que Frentzen creuse l'écart sur la Ferrari de Schumacher.

À vingt tours de la fin, Coulthard (moteur) et Villeneuve (sélecteur) abandonnent. Frentzen et Schumacher ravitaillent et repartent dans le même ordre pour une ultime course-poursuite. Jusqu'au bout Michael attaque Heinz sans relâche, en vain. Derrière, Irvine résiste à Fisichella, et Alesi contrôle Hakkinen. Trois matchs superbes.

Sur le podium, les deux Allemands réunis se congratulent et Frentzen tombe dans les bras d'Irvine, son copain du Japon. Pour lui, cette victoire est une bénédiction qui arrive à pic : après un dur début de saison, il se place enfin dans une course au titre plus ouverte que jamais.

Le fait marquant

HEINZ-HARALD FRENTZEN Première victoire de la nouvelle recrue Williams. Heinz-Harald Frentzen est le quatrième Allemand à atteindre le sommet après Wolfgang von Trips, Jochen Mass et Michael Schumacher, mais il a mis plus de temps qu'eux pour y parvenir (52 participations).

Potins du week-end

BERGER 200 Deux-centième participation pour Gerhard Berger, doyen d'âge et d'expérience du plateau 1997. Jean Alesi lui a offert un casque sur lequel sont associées leurs couleurs de casques. Sur 675 pilotes ayant pris part à une manche du championnat du monde depuis sa création en 1950, ils ne sont que trois autres à avoir passé la barre des 200 départs : Patrese (256), De Cesaris (208) et Piquet (204).

ACQUA MINERALE Déjà resurfacée en partie l'an passé, la célèbre cuvette d'Imola a été refaite sur 400 mètres pour l'édition 97. Les pilotes en sont heureux, tout en espérant qu'à terme le circuit serait refait dans sa totalité.

STATUE SENNA En plein procès de la mort d'Ayrton Senna (auquel sont convoqués aussi bien Michael Schumacher, Damon Hill et Frank Williams que les organisateurs), le circuit et la municipalité ont inauguré une statue du champion brésilien. Ratzenberger n'a pas été oublié dans la petite manifestation commémorative.

NEWEY CHEZ McLAREN Le concepteur des Williams championnes du monde poursuivra sa carrière chez McLaren à partir du 1er août. Les avocats ont fini par le libérer de son ex-employeur, moyennant bien évidemment quelques millions de livres sterling de dédite...

Imola

Légendes

Page 109

1. *Alesi toujours superbe sous la pluie.*

Page 110-111

2. *Cette fois, Ralf ne s'est guère exprimé.*

3. *La victoire de Melbourne semble loin pour Coulthard.*

4. *Hill : accroc dans le flegme britannique.*

5. *Et Hakkinen marque encore !*

6. *Barrichello renait chez Stewart.*

7. *Derrière Frentzen, le rouge est mis.*

8. *Frentzen malgré les graviers.*

1

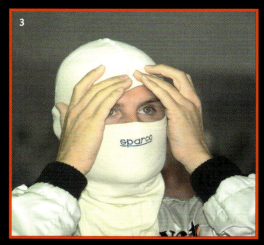

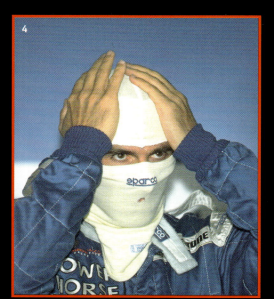

6

7

8

Grand Prix de Monaco

Une erreur d'équipe a empêché Villeneuve d'effacer à Monaco son pire souvenir de 1996 et Frentzen de concrétiser sa pole. Michael Schumacher a saisi la balle au bond, devant la surprenante Stewart.

Sur la lancée de sa victoire à Imola et très attendu sur le délicat tracé monégasque, Heinz-Harald Frentzen se montre le plus rapide dès le jeudi matin, de peu sur Schumacher, Hakkinen et -déjà- la Stewart de Barrichello. L'après-midi, Herbert est le meilleur et les six premiers sont de six équipes différentes : derrière la Sauber, Ferrari, Williams, Jordan, Benetton et McLaren ! Samedi matin Frentzen reprend le témoin et Villeneuve est troisième ; le lot de tête est encore hétéroclite. Les écarts sont serrés et les valeurs bouleversées, surtout celle de l'équipe championne du monde ; les pronostics vont bon train pendant le déjeuner, y compris pour Fisichella, formidable.

L'Italien signe d'ailleurs le premier chrono de référence et bataille avec les ténors. Lorsque Michael Schumacher fixe 1'18"235, on se dit que personne ne le battra. Panis -le vainqueur 96- a compromis ses espoirs dans une touchette le matin, Alesi a une voiture inconduisible, Hakkinen abime sa McLaren à la piscine et perd toute ambition.

Les dernières minutes sont cependant le théâtre d'un mémorable tour de qualif' de la part de Frentzen. Villeneuve et Schumacher tentent le maximum mais se loupent l'un et l'autre comme des débutants.

La pluie, il y a ceux qui la redoutent et ceux qui l'espèrent. Dans les équipes Bridgestone, on attend cette épreuve de l'eau après avoir reçu le baptême du feu, mais les représentants ne sont pas bien placés sur la grille : Barrichello et Panis pointent dixième et douzième...

Le ciel pleurant sans franchement s'épancher autorise un pari sur les pneus. Ils sont pourtant peu nombreux à s'avancer sur ce terrain qui promet d'être glissant : les Williams font partie des rares voitures en "slicks", toutes les deux ! C'est pour le moins étrange de la part d'une équipe qui doit viser avant tout la victoire et non le doublé...

Michael Schumacher hésite et, au tout dernier moment, privilégie les pneus intermédiaires. Il s'envole à une allure vertigineuse : au sixième tour, il possède 27 secondes d'avance sur son suivant immédiat... "le Bridgestone" Barrichello, surgi d'on se demande bien où ! Dans le clan Williams, c'est la bérésina, et un double abandon par touchettes met un point final à la pantalonnade ! Débarrassé d'encombrantes Jordan et lancé à son rythme, la Stewart tient magnifiquement la cadence de la Ferrari, et jusqu'au vingtième tour ne concède que quelques dixièmes ici et là. Ensuite, le fossé se creuse au rythme de trois à cinq secondes au tour, et atteint en fin de course le vertigineux total de plus d'une minute. Peu importe : une deuxième place reste une deuxième place et celle-ci est formidable pour la petite et jeune équipe, dont efforts et espoirs sont magnifiquement récompensés, avec mérite.

D'autant que le troisième de l'histoire n'est autre qu'Irvine, sur la deuxième Ferrari : un "client" qui se confirme très sérieux cette année, et qui n'a pas ménagé sa peine, reléguant Panis après avoir baissé pavillon plutôt piteusement face à lui l'année passée.

Les pneus Bridgestone n'ont pas manqué leur rendez-vous avec l'histoire, celle avec un grand H, celle qui note aussi le retour de Ferrari sur la tribune princière après 16 ans d'absence, et de quelle façon ! Impérial, Schumacher a "enrhumé" ses adversaires : at... schum !

Le fait marquant

STEWART En conquérant son premier podium après seulement cinq Grands Prix, l'écurie Stewart a d'ores et déjà établi un record absolu. À l'arrivée, Jackie et Paul étaient en larmes.

Potins du week-end

HILL EN QUESTION L'avenir de Hill dans la piètre écurie Arrows est mis en doute. Tom Walkinshaw a rappelé qu'une victoire est possible en 97 et précisé qu'il espère beaucoup du nouveau Yamaha qui débutera à Barcelone, répétant qu'il n'a jamais dit que tout serait facile. "Je savais que ce ne serait pas simple, mais je garde confiance", a dit pour sa part Damon... qui perd cependant de plus en plus son sourire...

BARNARD CHEZ ARROWS En appui des espoirs de Walkinshaw et de Hill, John Barnard est nommé au 1er mai directeur technique d'Arrows à la place de Frank Dernie. À ceux qui disent que "ce capricieux Anglais n'a rien fait pour Ferrari sinon empocher le maximum d'argent", les gens d'Arrows rétorquent que les Ferrari 96 et 97 lui doivent plus qu'à son successeur Ross Brawn, qui n'a pas encore pu s'exprimer. Mais Hill attendra-t-il l'Arrows 98 "Barnard" ?

NAKANO EN SUSPEND À propos de Shinji Nakano, Alain Prost parle de "voiture morte".. ! Le patron voulait rétrograder le Japonais pilote d'essais après Monaco, au profit du Français Emmanuel Collard (ex-pilote d'essais Williams, Benetton et Tyrrell). Il a évoqué cet épineux problème avec Hirotoshi Honda durant le week-end monégasque, mais le protecteur (et beau-père !) de Nakano n'a rien voulu entendre.

2

3

4

5

6

7

Grand Prix d'Espagne

Touché à Melbourne, trahi à Imola, trompé à Monaco, Ville-neuve se remet en selle à Barcelone. Mais Michael Schumacher reste à l'affût, les Benetton ressuscitent et Panis devient un Grand d'Espagne.

La plupart des équipes ayant tourné ici huit jours avant, les enseignements à tirer de la première journée ne sont pas légion. Pourtant, de mauvaises surprises prennent quelques-uns au dépourvu, notamment Villeneuve dont la voiture a bien marché en essais privés et qui s'avère inconduisible. Au prix de méticuleux réglages, le Québecois se replace petit à petit dans le lot de tête au fil des essais libres.

La séance samedi matin se passe sans problèmes. En qualifications, Frentzen met la barre si haut que même Villeneuve parait incapable de le battre. Il réussit pourtant son coup et se rassure pour la course, même s'il craint l'usure des pneus, plus accélérée ici qu'ailleurs.

Derrière les Williams, Coulthard ramène la McLaren sur le devant de la scène en même temps que Alesi se replace enfin parmi les ténors. Hakkinen et Berger confirment les performances de leurs équipiers en occupant ensemble la troisième ligne. C'est en revanche l'alerte rouge pour Michael Schumacher dont un moteur explosé a coupé court aux ambitions, même si elles n'étaient guère sérieuses sur ce tracé. Guère d'ambitions aussi pour les Jordan et Panis, ainsi que pour les Stewart, ici reléguées en neuvième et dernière lignes !

Départ laborieux : tour de chauffe contrarié par le moteur de Berger, et feu vert annulé à cause d'un souci sur la McLaren de Hakkinen et la Jordan de Ralf Schumacher, qui prend le départ en dernière ligne.

Mal parti, Frentzen est enfermé et recule en sixième position tandis que Coulthard ose un assaut brillant -mais vain- sur Villeneuve. Leader, le Canadien tente le maximum pour se mettre à l'abri, sans toutefois maltraiter ses pneus : il n'a opté que pour deux arrêts. En dix tours, il porte son avance à douze secondes, d'autant plus facilement que Michael Schumacher bouchonne quelque peu la horde sauvage. Lorsque Villeneuve ravitaille (après Schumacher et Coulthard), Alesi prend le commandement puis à son tour s'arrête. Villeneuve reprend la tête devant Coulthard et... Panis ! La progression du Français depuis le début de l'épreuve est fantastique. Sa voiture est merveilleuse et les pneus de rêve. Après son arrêt au vingt-cinquième tour, il repart huitième mais quinze tours plus tard est encore troisième, et remonte sur Villeneuve et Alesi. Ce dernier ravitaille et Panis passe deuxième. Il abandonne cette place à Schumacher pour son second arrêt, mais repart devant Alesi. Villeneuve cède encore provisoirement le commandement à Schumacher puis le reprend dès que l'Allemand s'arrête, avec Panis à ses trous-

ses, déchainé. La remontée s'effectue au rythme invraisemblable de une à deux secondes au tour ! Les attardés sont avalés par la Prost jusqu'à ce qu'Irvine surgisse sous ses roues : six tours bloqué, jusqu'à ce qu'Alain Prost, furieux, aille dire sa façon de penser à Jean Todt. Sermonné par radio, l'Irlandais s'écarte et Panis repart à l'assaut, mais trop tard : le handicap est de seize secondes, à huit tours de l'ar-

Barcelona

Le fait marquant

GIANNI MORBIDELLI L'Italien vu chez Dallara, Minardi, Arrows et Ferrari remplace Nicola Larini, "remercié" par Sauber en raison de résultats insuffisants. Larini redevient pilote d'essais à la Scuderia.

Potins du week-end

COLLARD OU BOULLION ? Alain Prost ne désespère pas de remplacer Nakano. Le choix pourrait se porter sur Collard ou Boullion. Mais le nouveau patron est fair-play et refuse de mettre la pression sur le Japonais : "je ne veux pas aborder ce sujet. Il faut laisser Shinji se concentrer et ne le perturber en aucune façon". Une façon de dire qu'il a encore sa chance… ?

SCHUMACHER DÉCORÉ Le double champion du monde a reçu la plus haute distinction réservée à un sportif en Allemagne, le "Silbernes Lorbeer Blatt".

UN 18ÈME GP 1997 ? Quoique remplacé (à la même date par un Grand Prix d'Europe à Jerez) le Grand Prix du Portugal aurait quand même lieu, le 9 novembre. Sur l'éventualité d'un calendrier de 18 épreuves, Paul Stewart a dit : "pour une équipe qui débute et dont les voyages ne sont pas payés par la FOCA, ça crée un problème ; mais si cette 18ème manche a lieu en Europe, ça ira". Existerait-il une possibilité pour que cette ultime manche ait lieu ailleurs ?

LA FOCA EN BOURSE En juillet, une "holding FOCA" sera introduite à la bourse de Londres, 50% de ses parts étant proposées au public. Le quota restant allant à la FIA (10%), les écuries et circuits (10%) et Ecclestone à titre personnel (30%). La réussite de cette opération dépend beaucoup des perspectives de rentabilité de la télévision numérique "pay-per-view".

TYRRELL PAS À VENDRE ! Des rumeurs concernant un rachat de l'équipe Tyrrell par Craig Pollock, David Richards et Adrian Reynard avec le soutien de British American Tobacco s'amplifient. Ken Tyrrell a déclaré que son écurie n'est pas à vendre. Le manager de Villeneuve a renchéri en assurant qu'aucun contact n'a été pris. Personne n'est convaincu par ces démentis, d'autant que Pollock discute beaucoup avec Salo…

rivée c'est insurmontable et le Québecois triomphe. Combats magnifiques, dépassements d'anthologie, un Grand Prix superbe, même pour les places d'honneur : l'incroyable mano à mano entre Herbert et Coulthard fut aussi un très grand moment, qui ne se dénoua que dans le tout dernier virage, au bénéfice de la Sauber.

2

3

4

5

6

7

8

1

Grand Prix du Canada

Sur son terrain, Villeneuve voulait dominer sur tous les fronts. Sa déroute n'en fut que plus spectaculaire, au bénéfice de Michael Schumacher qui en a profité pour reprendre la tête de la course au titre.

Les séances libres ne sont pas émaillées d'incident et confirment le resserrement du plateau. Pêle-mêle, Coulthard, Schumacher, Panis, Villeneuve, Barrichello, Frentzen, sont dans le lot de tête ; Alesi, Herbert et les duettistes Jordan ne sont pas en reste ! Les pilotes s'élancent à l'assaut de la grille avec des prétentions à tous les niveaux.

Le match tourne tout de même à l'avantage des Williams et de la Ferrari du double champion du monde. Villeneuve détient la pole mais Frentzen accomplit une performance très proche lorsqu'une violente rafale de vent de vingt-trois kilomètres heures le frappe de plein fouet en pleine ligne droite. Sur la ligne, l'Allemand accuse 356/1000 de retard ! Schumacher est du coup le seul à améliorer la pole mais l'écart entre les deux Allemands, 369 millièmes, reste si modeste que sans ce maudit vent Frentzen aurait sûrement décroché la palme.

Il n'est même pas troisième : Barrichello s'intercale. Les Bridgestone n'expliquent pas tout : Alain Prost reconnaît que l'écurie Stewart est ici meilleure. Le reste de la grille n'offre pas d'autre grande surprise, sauf les intéressants débuts de Wurz, la déception des Sauber et de Hill, encore une fois victime d'une mécanique trop capricieuse et fragile.

Derrière Schumacher et Villeneuve, départ en bombes de Fisichella et Alesi, qui surprennent Coulthard et Frentzen. Ralf Schumacher est à sa place et le dindon de la farce est Barrichello, rétrogradé huitième ! Au deuxième virage, Panis heurte Hakkinen ; surpris, Irvine part en tête-à-queue, Magnussen roule sur des débris, va au décor. Seul Panis continue, s'arrête au stand changer de museau et repart dernier. Émotion et déception s'emparent du public lorsque Jacques commet une faute à la chicane et part dans le mur au deuxième tour ! Dès lors, Schumacher semble seul. C'est compter sans Fisichella et Alesi qui le contestent, sans Coulthard qui accomplit une course de toute beauté. Un accident de Katayama au sixième tour occasionne une première neutralisation, permettant aux positions de se resserrer : Panis recolle au peloton et entrevoit une progression plus facile. Le Français accède rapidement à la douzième place puis ravitaille, tandis que, devant, Schumacher creuse enfin l'écart. À l'inverse, Frentzen s'est arrêté au stand après la neutralisation au lieu de pendant, et pointe désormais en queue de classement ! Au tiers de la course, Schumacher précède le trio Fisichella-Alesi-Coulthard, Wurz et Verstappen puis Salo et Herbert. Fisichella et Alesi ravitaillent

et Coulthard se lance à la poursuite du leader, qui ravitaille à son tour et lui laisse le commandement.

L'Écossais reste onze tours en tête, repasse le témoin à la Ferrari qui retourne au stand au quarante-quatrième passage, abandonnant de nouveau la première place. Derrière, Alesi ravitaille aussi et laisse la troisième place à Frentzen, revenu des profondeurs. La Williams doit cependant s'arrêter de nouveau, juste avant Coulthard... qui cale ! Tandis que les mécanos de McLaren s'acharnent sur la voiture, Panis sort de la piste au virage 5 et tape violemment le mur de pneus. Nouvelle neutralisation, une aubaine pour Alesi qui rejoint Schumacher et promet une fabuleuse fin de course. Mais la direction décide d'arrêter les frais après l'évacuation du pilote Prost, qui s'en tire heureusement avec de simples fractures... hélas juste avant "son" Magny-Cours !

Les faits marquants

ALEXANDER WURZ Remplaçant de Berger (opéré des sinus), l'Autrichien Alexander Wurz, animateur de la F3 allemande et vainqueur au Mans en 1996 fait ses débuts chez Benetton-Renault.

OLIVIER PANIS Grave accident de Panis durant le Grand Prix. Victime d'une double fracture tibia-péroné à droite et d'une fracture du tibia à gauche, le Français est écarté des pistes pour plusieurs mois. Collard est pressenti pour le remplacer, Boullion n'a pu se faire libérer par Williams (dont il est le pilote d'essais).

Potins du week-end

ANCIENS F1 AU MANS Alboreto et Johansson -associés au danois Kristensen- ont ajouté leur nom à la liste des pilotes de F1 vainqueurs au Mans. Ils ont gagné sur la Porsche Joest victorieuse en 96.

18 GRANDS PRIX On ne sait toujours pas si la saison finira à Jerez le 26 octobre ou à Estoril le 2 ou 9 novembre. La confirmation d'un Grand Prix du Portugal interviendra avant le 31 août, après un nouveau contrôle des aménagements.

POURQUOI WURZ ? Décision surprenante de la part de Briatore de glisser son pilote d'essai inexpérimenté dans le baquet de Berger : l'écurie n'est pas en situation de faire faire des premiers pas à un "rookie" ; mais la concurrence du Mans, ce même week-end, ne laissait guère le choix.

SUPERSTITION À propos de ses "premiers pas", Alexander Wurz porte toujours une chaussure bleue et une autre rouge, par superstition.

2

3

4

Pour la deuxième fois consécutive, Michael Schumacher s'est déclaré surpris de sa victoire. Il est vrai que, sans pour autant lui ôter son talent, il s'est peut-être avant tout agi d'une défaite de Williams...

La pluie qui a accueilli les pilotes jeudi après-midi persiste vendredi matin et permet à certains hommes de l'ombre de se mettre en valeur, en particulier ceux du clan Bridgestone : Diniz, Magnussen et Nakano, Trulli -qui remplace Panis-, Hill et Barrichello. L'après-midi, la pluie cesse et la piste sèche. Les chronos tombent et la hiérarchie redevient à peu près "normale", sauf pour les Benetton qui ont toutes les deux eu des problèmes et dû se contenter de la moitié de leur quota de tours et sauf pour Coulthard qui végète en dix-septième position.

Le soleil étant revenu samedi, Villeneuve et Frentzen reviennent aux avant-postes en séance libre, mais en qualifications Michael Schumacher fixe d'entrée une pole de référence... et définitive. Tandis que Hill connait une antépénultième panne, Ralf Schumacher, Trulli et Wurz excellent, mais en vain. Plus tard, Frentzen et Villeneuve échouent aussi : néanmoins deuxième, Frentzen forme avec les deux frères Schumacher le premier "podium" 100% allemand de la saison ; par contre le Canadien doit se contenter du quatrième temps.

En troisième ligne, on souligne la très belle performance de Trulli, qui ne fait que renforcer les regrets de ne pas voir Panis à l'œuvre : les quatre dixièmes de retard que l'Italien accuse sur la pole, le Français serait peut-être bien allé les chercher...

Sur le sec Schumacher prend un bon départ suivi du trio Frentzen-Irvine-Villeneuve qui surprennent son frère, puis Coulthard et Hakkinen formidables, Trulli, Alesi, Wurz, et aussi Nakano qui a profité de l'ouverture créée par les McLaren. Mais avant le dixième tour, le Japonais se met dans le gravier et Marquès casse son moteur, puis Verstappen sort. La course s'installe dans un train-train monotone : la seule vraie bagarre est au cinquième rang entre Ralf Schumacher et les deux McLaren, puis une seule lorsque Hakkinen part dans le décor.

Après les premiers ravitaillements, Schumacher a quinze secondes d'avance sur Frentzen et un gouffre sur Irvine, Villeneuve, Trulli (pas encore arrêté), Ralf, Fisichella-Coulthard et les Benetton.

Au quarante-troisième tour, la pluie apparait du côté d'Adelaïde mais timidement. Si bien que la deuxième série de ravitaillements voit tous les concurrents repartir en slicks. Trulli est le premier à chausser des gommes sculptées, au cinquante-troisième passage. Ce coup de poker ne paie pas car les nuages ne percent qu'au soixantième. Alors c'est la

1

Grand Prix de France

patinoire. À part Trulli et Coulthard tout aussi prévoyant, tout le monde y va de sa glissade, et certains pour le compte : c'est le cas de Wurz, Diniz, Salo.

Ferrari et Williams continuent en slicks et ont raison : l'averse disparaît. Curieusement, Villeneuve passe alors en pneus intermédiaires, laissant les quatrième et cinquième places à Coulthard et Schum' junior. C'est un drôle de calcul à cinq boucles de l'arrivée mais le Canadien récupère son bien, Ralf puis Alesi lui emboîtant le pas au détriment de Coulthard qui, dans le tout dernier tour part à la faute.

L'erreur fatale, Irvine l'évite de justesse à la chicane. Son faux pas surprend Villeneuve qui part en tête-à-queue, fait demi-tour et passe la ligne, cahin-caha, à peine deux mètres devant Jean Alesi. Devant, Schumacher fête son Jubilée avec un vingt-cinquième succès.

Le fait marquant

CHANGEMENTS À la suite des accidents de Panis au Canada puis de Morbidelli en essais privés à Magny-Cours, Trulli prend le baquet de la Prost et Norberto Fontana débute sur la Sauber (il est le premier Argentin en F1 depuis Larrauri en 1988 !). Chez Minardi, Trulli est remplacé par le Brésilien Tarso Marquès, pilote d'essais.

Potins du week-end

BERGER CHEZ SAUBER ? Le doyen des pilotes devrait revenir pour le Grand Prix de Grande-Bretagne mais la rumeur prétend que ce serait chez... Sauber aux côtés de Herbert ! Flavio Briatore titulariserait ainsi Wurz chez Benetton.

JORDAN AVEC MUGEN-HONDA La décision de Peugeot (de continuer avec Jordan en 1998 parallèlement à Prost) devait intervenir ce week-end. L'Irlandais a obtenu quinze jours supplémentaires afin d'annoncer en même temps l'accord qu'il serait lui-même en train de finaliser avec Mugen-Honda, justement libéré par... Prost !

PROST : HILL ? Alain Prost veut "une pointure" l'an prochain. Panis est sur sa liste, mais aussi Jacques Villeneuve. Le Canadien étant "très cher", Damon Hill pourrait très largement faire l'affaire. Mais son recrutement est même envisagé dès cette deuxième moitié de saison à la place de Nakano... si Honda se montre raisonnable !

LA VIE DE SENNA C'est sans doute Tom Cruise qui jouera le rôle du champion brésilien dans le film que préparent les studios Universal. De premières images doivent être tournées dans le cadre du Grand Prix d'Allemagne, avec un autre monument du cinéma : Sylvester Stallone.

Légendes
   Page 128-129
1. *Michael : 14 points d'avance !*
   Page 130-131
2. *Hat-trick pour Michael Schumacher.*
3. *Le jeune Wurz termine au coin.*
4. *Fisichella cherche comment aller plus vite.*
5. *Fontana, retour en F1 d'un Argentin.*
6. *Frein au rouge chez Prost en l'absence de Panis.*
7. *L'arrivée mouvementée de Villeneuve.*
8. *Seul Herbert sauve Sauber du déluge.*
9. *Blond comme le blé, Villeneuve a raté sa moisson.*

6

7

8

9

Prix de Grande-Bretagne

Course majeure pour Jacques Villeneuve, ce Grand Prix de Grande-Bretagne a bien failli lui échapper à cause d'un écrou mal serré et célébrer l'avènement de Mika Hakkinen.

Décidé à ne rien laisser passer dans ce Grand Prix, Villeneuve signe le meilleur temps des premiers essais libres, qui se déroulent sans autre souci que pour Katayama et Ralf Schumacher, sortis de la piste dans leur premier tour. L'après-midi, le Québecois concède la première place à Mika Hakkinen, dont la McLaren est très efficace. On note de bonnes prestations d'ensemble dans plusieurs équipes : Sauber, Benetton, Jordan, Ferrari, et dans une moindre mesure chez Prost.

De nouveau, McLaren crève l'écran à la séance de samedi matin : Hakkinen répète sa prestation de la veille -de soixante-trois millièmes- et Coulthard confirme l'excellent équilibre des monoplaces grises.
Le Finlandais joue comme prévu les trouble-fêtes en qualifications : il bat Schumacher mais ni Frentzen, ni Villeneuve, lauréat qui reconnait que "Mika avait placé la barre très haut". Le plateau se scinde comme deux équipes de football... de deux divisions différentes ! Car onze pilotes forment le dessus du panier de cette neuvième grille 97 : moins d'une seconde sépare Villeneuve d'Alesi, et les onze autres sont à une seconde du Français. Ce peloton de queue comprend notamment les deux Prost et deux Stewart, très décevantes ; un incendie a empêché Barrichello d'effectuer plus de trois tours lancés et il devra partir du dernier rang, en compagnie de Fontana dont l'encourageant quatorzième temps est annulé pour absence au contrôle technique.

L'événement de dimanche matin est le meilleur temps de Damon Hill au warm-up, sur une piste détrempée. Même si ce résultat ne veut pas dire grand chose, le champion reçoit une immense ovation du public.
Les deux tours de chauffe sont troublés par une panne de Frentzen qui se fait ensuite pousser dehors, et Katayama tape les glissières.
Villeneuve et Schumacher s'échappent rapidement devant Coulthard, Hakkinen, Herbert, Ralf Schumacher, Irvine et les Benetton : au tiers de la course ils ont trente secondes d'avance sur les McLaren qui bouchonnent le peloton. Le Canadien bataille avec un gros souci de tenue de route qu'il ne cerne pas. La réponse vient au ravitaillement : la roue mal vissée reste bloquée et le Québecois repart après trente-trois secondes, septième à douze secondes de Wurz. En six tours, la jonction est faite mais les Benetton tiennent bon, jusqu'à leur unique ravitaillement. Et puis coup de théâtre : Schumacher abandonne ! Villeneuve reprend alors le commandement devant Irvine, Ralf Schumacher et Hakkinen. L'abandon d'Irvine et l'arrêt de Ralf portent Hakkinen

deuxième, puis en première quand Villeneuve effectue son second arrêt, repartant à six secondes du Finlandais. En cinq tours, la Williams colle à la McLaren tandis qu'abandonnent Barrichello, Herbert, Salo, Verstappen et bientôt Magnussen. Hakkinen rêve : Villeneuve a besoin de points et ne tentera pas le diable. Mais au cinquante-troisième tour le Mercedes explose. Villeneuve file vers une victoire si compromise qu'elle était devenue inespérée. Tirant le bénéfice d'une fameuse stratégie et d'une course de siamois, les Benetton complètent le podium : bonheur pour Alesi, baptême pour Wurz. Le Mugen fait perdre à Nakano un point dont Hill hérite, fou de joie et gesticulant à l'intention du public comme s'il avait gagné. Dans son contexte, ce point est effectivement une grande victoire...

Le fait marquant

MOTEURS 98 Le puzzle 1998 se met en place côté moteurs. Après Williams, Benetton a confirmé son accord avec Mécachrome, rendu possible grâce à un gros sponsoring de Feder al Express. De son côté, Jordan a signé avec Mugen Honda pour deux ans ; Prost bénéficiera donc de l'exclusivité Peugeot la saison prochaine.

Potins du week-end

BERGER ACCABLÉ Toujours indisponible à cause de complications sur son opération des sinus, le vétéran autrichien a eu la douleur de perdre son père dans un accident d'avion. Sachant la part très active que Gerhard a pris dans l'entreprise familiale de transports, cet événement ne joue pas en faveur de son prochain retour...
LOTUS : LE RETOUR Disparue en 1994 après 13 titres (7 de constructeur, 6 de pilote) et 79 victoires, la glorieuse écurie Lotus maintenue artificiellement en vie par David Hunt annonce son retour pour 1999 ! Le patron, aussi frère du défunt champion du monde 1976, promet des détails pour bientôt.
WURZ CHEZ SAUBER Berger et Sauber ont démenti être en rapports pour la fin de saison. Mais si le champion réapparaissait chez Benetton, l'écurie Suisse pourrait très probablement récupérer Wurz à la place de Fontana. Commentaire de Johnny Herbert sur cet éventuel très jeune équipier : "ça me flanque un coup de vieux !"
HILL VIRÉ ? Pour la deuxième fois en dix mois, Damon Hill serait remercié de son écurie : après Williams, Arrows, qui a demandé au préparateur physique Dominique Sappia de s'occuper de Jorg Muller - le pilote d'essais de l'équipe - en vue de Hockenheim. À Silverstone, chacun guettait le rapprochement Prost-Hill... Mais pour 98, on parle plutôt de McLaren.

Gerhard Berger tenait absolument à faire sa rentrée dans ce Grand Prix qui lu a toujours souri par le passé. Il a eu raison : rare retour aura été plus gagnant que celui-ci, avec un "hat-trick" total et indiscutable.

Qui l'eût cru vendredi ? Berger et Alesi sont quatorzième et quinzième, les Williams derrière ! Qui l'eût cru samedi matin ? Benetton renait mais c'est encore Jordan et McLaren qui tiennent la vedette.

Contre toute attente, c'est pourtant Berger qui bat la première pole de référence fixée par Hakkinen et qui l'améliore un peu plus tard. Les assauts des Jordan sont convaincants mais insuffisants et ce n'est qu'à la quarante-deuxième minute que Michael Schumacher se glisse deuxième. Pas pour longtemps : Fisichella et Hakkinen s'immiscent devant lui, l'Italien manquant la pole de vingt millièmes de seconde ! Berger très en verve passe à deux doigts de mettre la barre plus haut mais ses pneus sont morts et il reste sur son 1'41''873. Alesi n'a pas la même veine : dans l'herbe à l'occasion de son ultime tentative, il termine avec le sixième temps, derrière Frentzen qui est enfin parvenu à glisser une Williams dans les trois premières lignes. Pour Villeneuve en revanche c'est la bérésina : son neuvième temps est sa plus mauvaise performance en F1 depuis ses débuts l'an passé. Déception aussi pour Ralf Schumacher dont les brillants essais libres n'ont pas d'autre récompense à la clef qu'une septième position, et pour Coulthard dont un moteur cassé le matin a troublé le déroulement des qualifications.

Au premier tour il n'y a plus que dix-huit concurrents : Marquès a cassé son moteur, Irvine et Frentzen se sont accrochés à la chicane Senna, et Coulthard est parti en tête-à-queue. Leader, Berger devance Fisichella, Michael, Hakkinen, Alesi, Villeneuve, Trulli et Ralf. L'Autrichien s'échappe et les groupes se forment : Fisichella-Michael, Hakkinen-Alesi, Villeneuve-Trulli-Ralf. Derrière, on suit comme on peut mais les batailles n'en seront pas moins rudes pendant toute l'épreuve.

Au seizième tour, Alesi inaugure les arrêts, immédiatement suivi par son équipier qui laisse le commandement au jeune Romain, repart quatrième derrière Schumacher et Hakkinen, passe sans hésiter le Finlandais et s'élance à la poursuite de la Ferrari, que Fisichella n'arrive pas à lacher. Berger remonte sur eux irrésistiblement, passe deuxième lorsque la Ferrari ravitaille. À ce moment, c'est Trulli qui pointe troisième ! Il s'arrête cependant au vingt-quatrième passage, tout comme Fisichella qui remet donc Berger leader avec seize secondes d'avance.

Progressivement, cet avantage augmente malgré la gêne occasionnée par quelques retardataires. Avant son deuxième pit-stop, la Benetton est vingt secondes devant. Elle ressort sous la boite de vitesses de Fisichella et en moins de cinq kilomètres se défait de lui grâce à un réservoir léger, des pneus neufs... et une sacrée jeunesse ! Des pneus neufs, c'est ce qui manque à "Fisico" pour jouer la victoire... et même pour terminer ! À quatre tours de la fin l'arrière-gauche explose, entrainant une fuite au liquide de freins. Alerté, Michael change de gommes, se contentant d'un podium : de toutes façons, Villeneuve est écarté depuis une sortie de piste au trente-troisième tour sur attaque de Trulli.

Grand Prix d'Allemagne

Le fait marquant

MÉCACHROME 98 Rien n'est réellement signé entre Benetton et Mécachrome, qui prendra la succession de Renault dans la gestion des glorieux moteurs V10 l'année prochaine. Et Briatore est agacé qu'on lui repose sans cesse la question. Souci ? On dit que Tom Walkinshaw joue la surenchère et cause cette valse-hésitation.

Potins du week-end

QUID DE FISICHELLA ? Contrat oblige, le jeune Italien ne contrôle pas lui-même son avenir. Tandis que Briatore l'annonce chez Benetton l'année prochaine, Jordan rappelle haut et fort qu'un contrat de deux ans les lie tous les deux et n'a pas de raison d'être remis en question. Pourtant Giancarlo serait bel et bien sur le départ ...

BENETTON JUNIOR Après avoir employé cette année les deux pilotes les plus expérimentés du plateau, Benetton pourrait l'an prochain disposer des deux plus jeunes : Fisichella et Wurz. Gerhard Berger a en effet d'ores et déjà annoncé son départ et Jean Alesi est sérieusement pressenti chez Jordan ou Prost.

PORTUGAL : C'EST NON C'est officiel, la saison 1997 ne comportera pas de dix-huitième Grand Prix, en raison de la non-unanimité des écuries pour que le Portugal soit réintégré le 9 novembre. C'est une grosse déception pour les organisateurs qui avaient joué le contre-la-montre pour les travaux et les formalités administratives.

ENCORE UN ALLEMAND Nick Heidfeld, qui fait des merveilles en championnat d'Allemagne F3, a été enrôlé par McLaren-Mercedes en qualité d'essayeur. Avec Michael et Ralf Schumacher, Frentzen, Müller (essayeur chez Arrows) et sans oublier Berger et Wurz, la Formule 1 ne fait que confirmer sa très forte germanisation.

SALO DANS L'IMPASSE ? Ferrari a agité de jolis espoirs sous les yeux de Mika Salo avant de confirmer Irvine pour 1998. Du coup, le Finlandais semble condamné à poursuivre avec Tyrrell, ce qui évidemment ne l'enchante guère... à moins que la vente de l'équipe apporte les gros moyens de British American Tobacco.

Parmi les rescapés, Hakkinen troisième est jusqu'au bout harcelé par le même Trulli qui marque ses premiers points devant Ralf et Alesi. Plus loin, Nakano, Hill et Fontana terminent avec les honneurs dûs aux bagarreurs, car leur bataille (avec Magnussen, Salo, Barrichello) fut homérique malgré le modeste enjeu des positions convoitables.

7

L'exploît de Damon Hill aux essais et en course reste un des plus forts moments de la saison, tout comme son injuste défaite qui n'eût que le mérite de replacer Villeneuve près de Schumacher pour le titre.

Vendredi, Ferrari démontre une aisance déconcertante face aux McLaren, l'Arrows de Hill et la Prost de Trulli, tandis que Williams se concentre sur les réglages de samedi : Villeneuve ne pointe que onzième.

Nouvelle donne le lendemain : Villeneuve et Frentzen s'affirment immédiatement dans le ton de leur adversaire Michael Schumacher, néanmoins pas avec la même facilité. Car c'est en se donnant à fond que Villeneuve signe le deuxième temps à vingt-cinq millièmes alors que l'Allemand décroche la pole avec facilité, sa Ferrari semble filer sur des rails, enchainant les virages du tourniquet hongrois avec

Budapest

une sidérante rapidité, sans aucune hésitation. Jacques Villeneuve est cependant confiant car il a mis le doigt sur quelques autres petites retouches à faire, qui doivent lui bâtir une monoplace optimale.

Derrière, la très grande surprise est provoquée par Hill, dont l'Arrows habituée aux places de fond de grille est installée devant les McLaren et Benetton, une Ferrari et même une Williams ! Cette performance du champion du monde est extraordinaire et fait plaisir, mais peut aussi avoir une grande incidence sur la course car le Britannique sera, comme Michael Schumacher, sur le côté propre de la piste, celui de la trajectoire normale. Au contraire, Villeneuve devra composer avec une piste sale, qui peut fausser son élan et lui faire perdre des places...

Après une contrariété pour Ferrari au warm-up (moteur explosé, Schumacher part avec le mulet), c'est par vingt-huit degrés que les voitures s'élancent, très bien pour celles sur la droite de la grille, très mal pour les autres. Dans ce deuxième lot, Villeneuve fait du sur-place et laisse filer Schumacher et Hill mais aussi Irvine et Hakkinen ! Bon plan pour la Ferrari de tête mais elle ne parvient pas à lacher l'Arrows qui, stupeur, la dépasse au onzième tour ! Hill retrouve sa gloire d'antan et creuse irrésistiblement l'écart. Hakkinen abandonne, Schumacher effectue un premier arrêt et le Britannique renforce son avance à la faveur des divers autres ravitaillements. Lorsqu'il s'arrête à son tour, Frentzen prend les commandes mais trois boucles plus tard lui repasse le témoin, abandonnant au stand. Alors Hill est impérial : de dix secondes au vingt-huitième tour, son avance atteint une demi-minute au soixante-quatrième devant... la Williams de Villeneuve, qui n'en finit pas d'en découdre avec la McLaren de Coulthard.

Derrière, Herbert occupe une sage et solide quatrième position devant Michael Schumacher qui doit sauver les meubles malgré une stratégie à trois arrêts : sa position est mise en cause par son frère et Nakano, auteur d'une course excellente. En revanche on n'entend pas parler des Benetton qui sont à un tour du leader, et les Stewart et la seconde Sauber (que Fontana a rendu à son titulaire Morbidelli) ont renoncé.

Au soixante-cinquième tour Coulthard abandonne, Villeneuve file et Herbert vise le podium. Attendu pour un quatrième arrêt, Schumacher continue car son avance sur ses poursuivants est trop faible pour qu'il puisse récupérer cette position après un ultime ravitaillement.

C'est du délire dans les tribunes et dans les stands de voir cette Arrows mener la danse de façon si insolente. C'est donc une terrible déception de la voir balancer dans le dernier tour : essence ? Non : accélérateur. Villeneuve remonte à toute allure et la coiffe quasiment sur le poteau.

Le fait marquant

FERRARI NOUVELLE Fondamentalement, la Ferrari 310B n'est pas vraiment inédite. Mais la multitude de changements qu'elle a reçus depuis le début de la saison sous la bénédiction de Ross Brawn en fait une monoplace qui n'a plus grand chose à voir avec celle du début de saison. Allégée de dix kilos et nantie d'un réservoir plus grand, elle semble avoir atteint sa maturité...

Potins du week-end

RALF MILITAIRE Au mois de novembre prochain, Ralf Schumacher accomplira son service national, dans l'armée de l'air (de quoi lui procurer quelques nouvelles sensations). Cette obligation ne remet pas en cause sa saison 98 chez Jordan.

IRVINE CONFIRMÉ Au grand désespoir de Mika Salo qui était fortement pressenti, Eddie Irvine a été confirmé aux côtés de Michael Schumacher pour la prochaine saison. Ferrari est la première équipe a boucler son tandem 1998 tandis que deux autres volants seulement sont confirmés par ailleurs : Barrichello chez Stewart et Ralf Schumacher chez Jordan.

TRANSFERTS : DU FLOU Traditionnellement, l'étape hongroise permet d'y voir beaucoup plus clair dans le puzzle des équipes de la saison suivante. Cette année, ce n'est pas vraiment le cas. Quatre pilotes seulement sont confirmés (voir par ailleurs), et la plus grande incertitude règne autour de quelques baquets d'importance, notamment chez Williams, McLaren, Jordan, Prost et Benetton. Incertitude qui devrait s'estomper lorsque les têtes d'affiche que sont Alesi, Hill, Berger et Coulthard seront définitivement casés : leur nom figure en effet dans la plupart des "éligibles" de ces différentes équipes. En revanche il est quasiment certain que Panis, Hakkinen et Herbert ne changeront pas d'équipe.

NEWEY CHEZ McLAREN Depuis le 1er août, l'ex-ingénieur vedette de Williams officie pour de bon chez McLaren. Un facteur qui fait dire à Mika Hakkinen que désormais l'écurie de Ron Dennis a tous les atouts pour redevenir l'an prochain la meilleure équipe du plateau.

2

3

4

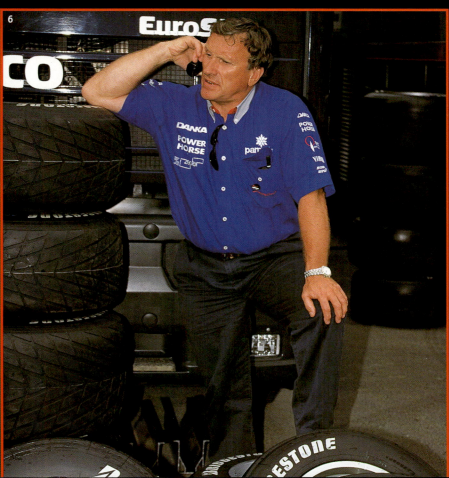

12 Spa

Villeneuve voulait gagner devant Schumacher et reprendre la tête du championnat pour un point. Mais comme à Monaco, la pluie a traîné l'écurie Williams dans la tourmente, et son leader dans le pétrin...

Alors que la canicule sévit dans toute l'Europe, il pleut à grandes eaux sur les Ardennes belges vendredi matin. Dans ces conditions, Bridgestone se montre à l'aise avec les Prost et Barrichello, puis Goodyear contre-attaque avec les Benetton et Michael Schumacher. L'après-midi, seuls Barrichello, Trulli, Frentzen et Marquès améliorent. Samedi matin la hiérarchie est plus habituelle, une Williams (Frentzen) devant. Alesi est deuxième devant Coulthard, Hill, Villeneuve. La suspension de Hakkinen cède brusquement, frôlant la catastrophe. À ce moment la piste a séché et les quatre moteurs Renault dominent.

C'est une belle bagarre générale dès le début de la séance qualificative, personne ne tardant à tenter sa chance. La pole de 96 est vite battue, par son auteur (Villeneuve) et les Jordan. À mi-séance, Alesi prend brièvement l'avantage mais le Québecois le remet aussitôt en place. Les dix dernières minutes sont très denses. Alesi améliore mais Villeneuve repousse la limite et conclue, d'autant qu'une McLaren en travers anéantit tous les espoirs de Frentzen qui doit boucler son meilleur tour à petite vitesse. Alesi deuxième, Michael Schumacher se contente de la deuxième ligne en compagnie d'un superbe Fisichella.

À trente minutes du départ il pleut et dix minutes après c'est déluge et vent. Ralf Schumacher sort de la piste, saute dans le mulet et part du fond de grille. Trulli doit aussi changer de voiture (électronique) mais trop tard et doit s'élancer un tour derrière tous les concurrents.

À la fin du tour de formation, surprise : la voiture de sécurité reste devant les bolides et après trois tours de tortue (comptant dans l'épreuve) on assiste à un départ lancé comme en Indycar ! Les positions de la grille n'ont donc jusque là pas changé et Schumacher est le premier à réagir en doublant Alesi et Villeneuve. Derrière, Magnussen passe Irvine, Nakano, Berger ; Marquès passe Verstappen, Katayama, Salo.

Parti en pneus intermédiaires, l'Allemand fait le trou : six secondes en une boucle, dix-sept en deux et vingt-trois en trois ! La piste sèche et Alesi chausse des slicks ; les positions se modifient au gré des choix de pneus du départ et Villeneuve est loin d'être gagnant dans l'opération, d'autant qu'au lieu de chausser lui aussi directement des slicks, il passe par les intermédiaires, étape qui s'avère inutile et pénalisante.

Le leader intouchable survole Fisichella et les McLaren, tandis que Barrichello et Frentzen se touchent : seule la Stewart est KO. Au quart de la course, le classement semble irréel : Michael devance Hakkinen... Diniz et Magnussen ! Les arrêts

se multiplient et les stratégies sont bouleversées. Dans le lot, Alesi peut tirer son épingle du jeu, pointant régulièrement deuxième. La pluie réapparait (Coulthard et Ralf Schumacher se prennent à son piège) puis à mi-course s'arrête. Michael a quarante secondes d'avance sur Alesi, le trio Fisichella-Hakkinen-Frentzen, puis Herbert, Berger et Villeneuve. Plus rien ne devrait beaucoup changer lorsque la Benetton du Français retourne au stand pour un troisième puis un quatrième arrêts ! Sa suspension élimine tout espoir de points. Michael n'a plus qu'à contrôler son avance sur

Grand Prix de Belgique

Le fait marquant

PANIS-PROST : DEUX ANS Retour d'Olivier Panis dans le paddock, en visiteur : jeudi, le pilote blessé à Montréal et son écurie ont officialisé la reconduction de leur contrat pour deux ans. Belle preuve de confiance de la part d'Alain Prost alors que son poulain doit encore faire preuve de sa récupération. Pareillement, la Seita (Gauloises Blondes), sponsor principal et historique de l'équipe, a resigné pour trois ans.

Potins du week-end

McLAREN SANS CHANGEMENTS Ron Dennis a confirmé Mika Hakkinen et David Coulthard pour 98, jouant la continuation. Une piste de moins pour Damon Hill...

HILL : RÉPONSE À MONZA ? Damon Hill laisse entendre que sa destination 98 serait dévoilée au Grand Prix d'Italie. La bonne performance de Budapest et la présence de John Barnard pourraient l'inciter à conserver sa confiance en Arrows... si un moteur de qualité est enfin trouvé. Parallèlement, les discussions avec Prost sont très avancées...

ALESI : JORDAN ? Panis confirmé seul Français chez Prost, Benetton en passe de signer deux jeunes, McLaren bouclé et Williams sans doute aussi, il ne reste pour Alesi plus que Jordan comme "top-team". Il se murmure que l'affaire ne serait qu'une question de jours.

MAGNUSSEN PAS SÛR Porté aux nues par Ron Dennis qui lui permit d'effectuer de tonitruants débuts en 95, le Danois est une décevante recrue de 97. Son avenir chez Stewart est remis en cause au profit du Colombien Montoya. Barrichello en revanche est officiellement confirmé.

ANNIVERSAIRES Minardi fête en Belgique son 200ème Grand Prix alors que Arrows passe la barre des 300 participations. De leur côté, Heinz-Harald Frentzen et Eddie Irvine prennent à Spa leur 60ème départ, et Jean Alesi son 130ème.

RETOUR AUX DEUX QUALIFS ? Il est possible qu'en 1998 on revienne à deux séances qualificatives, vendredi et samedi, mais la grille de départ serait obtenue par addition des temps. Cette formule éviterait qu'en cas de pluie le samedi, les autos restent au stand avec leurs positions acquises le vendredi, au plus grand dam des spectateurs.

Fisichella, Hakkinen la sienne sur Frentzen, tandis que Villeneuve passe Berger et ne baisse les bras sur Herbert qu'en vue de l'arrivée.
Hélas pour le Finlandais, le tribunal d'appel prononce son déclassement dix jours plus tard pour essence non-conforme aux essais.

  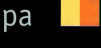

14 Spielberg

Sur le tracé de Spielberg proposant un scénario digne de l'homonyme du septième art, Jacques Villeneuve a signé un "hat-trick" qui lui fait rejoindre Michael Schumacher. Il était temps et ce ne fut pas facile.

L'Osterreichring n'est plus. L'A1-Ring, plus court et moderne, fait table rase du passé jusqu'à sa commune de rattachement : Spielberg et non plus Zeltweg. Mais le cadre est toujours aussi bucolique, avec ses montagnes du Steiermark parsemées de chalets fleuris à l'autrichienne.

Les similitudes avec Budapest ne sont pas minces et dès les premiers essais se renforcent par les performances des pneus Bridgestone. Hill et les Stewart dirigent la journée préliminaire de reconnaissance, organisée, comme le veut le réglement, pour tout nouveau tracé. Vendredi, la hiérarchie classique reprend ses droits avec les Williams qui retrouvent un terrain favorable. Les écarts sont néanmoins très faibles et annoncent des surprises... Samedi matin, la première vient de Diniz, meilleur temps ; la deuxième est au crédit de Magnussen, dauphin ; la troisième est signée Trulli, quatrième. Villeneuve a pu s'intercaler dans ce verdict inédit où six pilotes se tiennent en un dixième et quatorze en une seconde ! Williams, Arrows, Prost, Stewart, et aussi McLaren, sont donc en verve. En panne : Benetton, Jordan et Ferrari !

Barrichello fixe le premier temps de référence, rapidement battu par Villeneuve puis Hakkinen. Villeneuve décroche finalement la pole devant le Finlandais et... Trulli, dont la performance sur le mulet (à cause d'un moteur explosé sur sa voiture) est exceptionnelle ! Derrière Frentzen quatrième, les Stewart et Hill devancent les Ferrari, Jordan, Sauber et de très loin les Benetton, totalement hors du coup.

La tribune en face des stands fait de l'ombre à la grille de départ. Les pilotes "impairs" sur la gauche ont un bitume propre et de dix degrés inférieur à leurs voisins, qui à l'inverse héritent de toute la poussière.

Villeneuve ne profite pas de l'avantage : il laisse filer Hakkinen et Trulli, et une mauvaise motricité l'empêche de tirer le meilleur parti de sa voiture : Barrichello passe. Hakkinen devant abdiquer avant d'avoir bouclé un tour, Trulli passe en tête devant Barrichello et Villeneuve, et y demeure plus de la moitié de l'épreuve. L'écart se creuse très sensiblement entre le leader et son suivant, qui parvient d'abord à tenir à distance le tandem Villeneuve-Magnussen suivi d'un quartet en bataille : Frentzen-M.Schumacher-Coulthard-Hill. Plus loin, Irvine bouchonne Alesi, Fisichella et Herbert jusqu'au quatorzième passage.

Au premier tiers de l'épreuve, alors que Trulli a capitalisé une dizaine de secondes, Villeneuve dont la voiture s'est nettement améliorée passe Barrichello et entame sa remontée sur la Prost. Quand celle-ci ravitaille, la Williams prend la tête, s'arrête à son tour ; alors Michael Schumacher et Coulthard assurent l'intérim du commandement jusqu'à leurs propres arrêts. Villeneuve reparti devant Trulli récupère la tête pour aussitôt se construire un avantage sur la Prost, Coulthard et Frentzen. Schumacher est quatrième, puis rétrograde, pénalisé pour avoir dépassé sous les drapeaux jaunes signalant l'accroc Alesi-Irvine. Quand le Mugen de Trulli explose, la voie est libre pour Coulthard qui remonte sur Villeneuve, lequel est justement freiné par Berger, relégué à un tour mais néanmoins récalcitrant. Enfin débarrassé de

Grand Prix d'Autriche

l'Autrichien, le Canadien contrôle sa fin de course et met à jour sa comptabilité : cinquante-sept plus dix égale soixante-sept points, comme Schumi' ! Parfait ! Non, pas ! Car l'Allemand marque un petit point en prenant la sixième place à Damon Hill dans l'avant-dernier tour.
Soixante-huit à soixante-sept, c'est quand même bon pour le moral...

Le fait marquant

ALESI ET HILL CASÉS Avant même d'avoir perdu, au tribunal de Londres face à Benetton, le dossier Fisichella, Jordan avait signé avec Hill pour deux ans, Prost ayant cessé toute tractation avec le Britannique. Et Alesi s'était rabattu sur Sauber, choix inattendu que le Français savait argumenter : "avec Eddie c'était l'impasse. Sauber m'a prouvé avoir vraiment envie de moi. Et c'est le troisième budget de la F1 après Ferrari et McLaren !".

Potins du week-end

SALO REMPLACE HILL Très en vue mais voyant les volants s'échapper les uns après les autres, le Finlandais de Tyrrell a sauté à pieds joints dans le baquet de Hill dès que celui-ci a annoncé son départ chez Jordan. Diniz confirmé, Arrows affiche complet. Du même coup, Verstappen voit augmenter ses chances de rester chez Tyrrell, en panne de pilote d'expérience.

MAGNUSSEN EN REHAUSSE Après des débuts laborieux, le Danois s'est refait une réputation deux courses. Son avenir chez Stewart en serait conforté, au détriment des jeunes de la F3000 -notamment Montoya- qui convoitaient sa place.

MICHAEL DOUGLAS CHEZ McLAREN La vedette du septième art s'affichait bien plus qu'en simple invité de Ron Dennis et Mansour Ojjeh. En tenue West McLaren-Mercedes, il n'a pas quitté le muret des stands de toute la course, écouteurs sur les oreilles et attentif aux moindres choses, comme un vrai manager. Répétition pour un rôle-clef dans le film que prépare Sylvester Stallone ?

CALENDRIER 1998 C'est à l'occasion du Conseil Mondial de la FIA (les 10 et 11 octobre) que sera divulgué le calendrier prévisionnel 1998. Dix-huit dates qui s'articuleraient ainsi : Australie (8 mars), Brésil (29 mars), Argentine (12 avril), Saint-Marin (10 mai), Monaco (24 mai), Canada (14 juin), France (28 juin, sous réserves), Grande-Bretagne (12 juillet), Autriche (26 juillet), Allemagne (2 août), Hongrie (16 août), Belgique (30 août), Italie (13 septembre), Japon (1er novembre). Quatre autres sont à insérer (Espagne, Portugal, Europe, et peut-être Corée ou Malaisie).

BERGER À LA RETRAITE ? C'est une rumeur serpent de mer, née lors de la tragique disparition de Senna. À l'époque, l'Autrichien avait failli "tout plaquer". La naissance d'un enfant cet hiver et les épreuves traversées au début de l'été (maladie, opérations et décès de son père) avaient remis sur le tapis ce possible départ. Il est d'autant mieux pris au sérieux que, à part Prost, aucun volant digne de Gerhard est encore disponible pour 1998.

 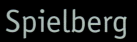

5

6

7

Tout était en place pour que Hakkinen remportât sa première victoire en Grand Prix au Nürburgring. Le sort s'est encore acharné sur lui, offrant à Villeneuve un septième succès, et un ascenseur pour le titre.

La star, ce week-end, n'est ni Schumacher ni Villeneuve, ni Briatore qui s'en va ni David Richards qui le remplace. C'est Panis, dont le retour est devenu événement depuis ses performances en essais privés.

Vendredi matin, à tout seigneur, tout honneur, c'est le Français qui prend la piste le premier. Mais déjà, les McLaren-Mercedes réaffirment leur position "à domicile" en accaparant les meilleurs temps du jour.

Samedi matin par contre, les choses vont tout autrement

pour le duo de Ron Dennis : Coulthard casse un moteur et perd sa première mi-temps, et Hakkinen trouve du répondant de la part de Frentzen. Ceci dit, le Finlandais est en forme, confiant, solide, et favori pour la pole.

Les équipes Bridgestone ouvrent le feu et, après que Hill eût été gêné dans un tour rapide, Panis fixe le premier temps de référence. Réévaluée par Frentzen, la pole passe à Fisichella avant de tomber, comme prévu, dans la poche de Hakkinen. Il y a du spectacle en vue : le bitume est parfait, la température ad-hoc, les temps grimpent et promettent d'être encore meilleurs. Frentzen le prouve un peu plus tard, frôlant les 1'17", tandis que Villeneuve reste en retrait et que Panis ne retrouve hélas pas la voiture dont Trulli disposait en Autriche...

Puis à vingt minutes de la fin, Hakkinen explose tous ses adversaires de quatre dixièmes ! Villeneuve ne peut que se rapprocher : aujourd'hui, Mika était vraiment "Flying Finn" ! Le plus important pour le Canadien est ailleurs : Schumacher n'est que cinquième !

Louvoyant à toute allure après un excellent départ, Ralf Schumacher veut avaler le maximum d'adversaires avant le premier virage. Quand il arrive à hauteur de son équipier, c'est l'indigestion : les deux Jordan s'accrochent, Ralf s'envole et tombe sur la Ferrari de son frère ! Les deux Minardi récoltant les pots cassés, cinq voitures sont d'entrée sur le carreau... dont celle du leader du championnat du monde ! Coulthard, lui, maîtrise mieux l'exercice des départs en flèche, et s'infiltre deuxième derrière son équipier ! Une légère touchette entre Villeneuve et Frentzen a bien failli amputer encore le plateau, mais les Williams continuent, Frentzen s'autorisant juste un rapide check-up. Barrichello, Alesi, Magnussen, Hill et Diniz suivent.

Forcé à une incursion dans le gravier lors de la cacophonie du départ, Berger a débuté quinzième, au vingtième tour il est septième, devant Frentzen qui a lui aussi opéré une remontée météorite tandis que Panis est aux prises avec Diniz qui sera sa bête noire jusqu'au bout.

Stratégie deux arrêts pour les uns, un seul pour les autres. À ce jeu, les McLaren restent pour l'instant gagnantes. Hakkinen a creusé l'écart et Coulthard ne parvient pas à lacher Villeneuve mais les hommes en gris ont la course en mains. Le train-train continue, les bagarres sont derrière : Barrichello-Alesi, Berger-Frentzen, Magnussen-Hill,...

Au quarante-troisième tour, la sueur froide qui glisse dans le dos de Hakkinen lorsque son équipier abandonne n'a pas le temps de sécher : au passage suivant et au même endroit, le Finlandais se range à son tour au bord de la piste, la mort dans la culasse et dans l'âme, décomposé par la déception et au bord des larmes.

Villeneuve est donc en tête, avec une marge confortable qui le met à l'abri de toute attaque. Alesi parvient à contenir Frentzen et Berger jusqu'au bout ; et, de son côté, Diniz ne lache pas un pouce à Panis, malgré la probante démonstration du Français pour son grand retour.

Le fait marquant

RETOUR, DÉPART, ARRIVÉE Les trois hommes de la F1 les plus photographiés du week-end sont indiscutablement Olivier Panis, de retour après sept Grands Prix, Flavio Briatore, sur le départ après dix saisons bien remplies, et David Richards, patron de Prodrive et manager de Subaru en rallyes, qui arrive.

Potins du week-end

SCHUMACHER 100ème Ce Grand Prix du Luxembourg est le 100ème de Michael Schumacher. Ses statistiques révèlent qu'il a connu 26% de victoires, 53% de podiums et marqué 4,3 points par course. Mieux que Prost et Senna ! Respecté mais irrespectueux : il a écrasé son gâteau sur la figure de Bernie Ecclestone...

QUID DE MAGNUSSEN ? Les Stewart père et fils demeurent muets sur l'équipier de Barrichello en 1998 : toujours rien de sûr pour Magnussen, en dépit des excellentes performances qu'il produit depuis quelques courses. Le Danois est inquiet car lui-même n'a pas encore eu de discussions à ce sujet...

RUMEUR FOLLE ? Au rayon des "potins" de ce Grand Prix, impossible d'occulter celui qui a secoué tout le paddock, même si c'est peut-être un feu de paille : la venue de Villeneuve chez Prost et de Trulli chez Williams ! Aucun démenti sinon celui de Prost... qui ajoute ensuite que "en F1, rien n'est jamais sûr"... Il ne faut rien de plus pour que la presse s'enflamme !

COMPARATIF VÉLO/F1 À la demande du magazine allemand AutoBild, Heinz-Harald Frentzen s'est prêté au jeu de tests comparatifs avec le dernier vainqueur du Tour de France, son compatriote Jan Ullrich. Bilan à l'avantage du pilote automobile pour la musculature générale, sauf des jambes...

SENNA (suite) Le procès de la mort de Senna continue, sans bruit ni grande nouveauté. Une antépénultième audition a permis à Michele Alboreto (pilote Minardi à l'époque) d'affirmer sa conviction qu'il ne pouvait s'agir d'une faute de pilotage mais bien d'un bris mécanique.

Suzuka

7

8

17 Jerez

La grande finale a tenu ses promesses avec une course fascinante et grandiôse, dans laquelle Jacques Villeneuve a conquis la gloire tandis que Michael Schumacher a perdu panache et honneur...

Dès les premiers tours des essais, les pilotes découvrent à Jerez un revêtement abrasif et poussiéreux à souhaits. Ce facteur crée un point d'intérêt : l'usure des pneumatiques. À ce jeu, Bridgestone marque des points, glissant trois pilotes au sommet de la hiérarchie de vendredi. Mais le samedi matin s'achève sur un doublé Coulthard-Hakkinen devant Frentzen ; Villeneuve et Schumacher sont encore en retrait. Le ciel étant menaçant, tout le monde s'élance rapidement pour se qualifier du mieux possible et c'est l'empoignade une heure durant. Après Frentzen, Villeneuve prend la pole à la quinzième minute. Un quart d'heure plus tard, Schumacher réalise exactement le même temps ! Et à dix minutes de la fin, Frentzen égalise à son tour : les trois sont ex-aequos au millième près ! C'est un incroyable hasard : ce triplé est issu d'une probabilité quasi nulle, mais pourtant existante. C'est surtout le scénario de rêve dans l'optique de ce dernier match, où plus que jamais on peut dire que les rivaux sont au coude-à-coude. Quatrième, Damon Hill réussit l'exploît de glisser son Arrows devant les McLaren. Une belle réussite pour Bridgestone, que Panis eût bien aimé signer. Le verdict est tout autre, le Français n'est que neuvième, juste devant son compatriote Alesi.

Après avoir constaté que sa voiture se comportait vraiment bien avec des pneus déjà utilisés, Villeneuve fait ce choix pour le départ, et perd. La Williams patine, la Ferrari se sauve. Pendant les deux tiers de la course, Schumacher et Villeneuve se suivent en restant dans un mouchoir. Leur chasse est effrénée et impressionnante, à tel point que tous les attardés se garent prudemment sur leur passage, se gardant bien de s'immiscer dans leur affaire personnelle et si capitale aux yeux du monde entier. Comme les premiers, les seconds ravitaillements se passent sans encombre. Mais cette fois, Jacques sent qu'il a les gommes adéquates et peut attaquer son adversaire dans les meilleures conditions. C'est un gros risque, il le sait ; mais il n'a pas le choix : il FAUT qu'il termine devant Michael ! Alors plutôt que de finir bêtement deuxième de la course et du championnat sans se battre, il plonge dans l'ouverture, dépasse la Ferrari aux deux tiers, lorsque brutalement cette dernière se rabat contre lui. Médiocre, indigne, l'estocade ne paie pas, car Schumacher échoue tout seul dans le gravier, et laisse filer la Williams. Le pilote allemand perd tout seul le championnat du monde et rentre à son stand la démarche moins franche que d'habitude... Symbole : au même moment Damon Hill abandonne en bord de piste. Ainsi dans le même tour les deux champions en titre disparaissent... et laissent le bitume et le tapis rouge à celui qui sera le nouveau. Il reste néanmoins vingt tours, et pour Villeneuve qui compte toujours son point de retard au championnat, rien n'est encore assuré :

il faut finir, au moins sixième. Les McLaren sont agressives, il les sent dans son dos et n'envisage pas une seconde de les contrer. Jacques Villeneuve ne dispute pas le Grand Prix d'Europe mais le titre mondial ; pour Hakkinen et Coulthard, c'est l'inverse. Dans le dernier tour, Mika glisse son museau sur le côté de la Williams, qui entrebâille la porte, et la tient même grande ouverte pour livrer passage à Coulthard. Le geste est formidable et asseoit Villeneuve au firmament du mérite : Hakkinen fut cette saison le plus malchanceux du plateau, et reçoit cette première victoire comme un don du nouveau seigneur. ".

Grand Prix d'Europe

1

Le fait marquant

LA DERNIERE DE BERGER À l'occasion d'une conférence de presse au retour du Japon, Gerhard Berger a officiellement annoncé son retrait de la compétition, décision qu'il dit avoir pris au lendemain de sa victoire d'Hockenheim. Néanmoins toujours passionné, l'Autrichien âgé de 38 ans parle de poursuivre une activité dans le milieu, mais veut auparavant se consacrer à sa famille. Le nouveau doyen est désormais Damon Hill (37 ans), et le plus expérimenté Jean Alesi (135 Grands Prix).

Potins du week-end

VILLENEUVE ÉTAIT-IL À SUZUKA ? Méli-mélo autour de la disqualification de Villeneuve à Suzuka : quid de son meilleur temps aux essais et de sa participation au Grand Prix ? Réponse de la FIA : "il garde sa pole mais à nos yeux n'a pas disputé l'épreuve". Pour les statistiques, le Canadien n'est donc crédité cette année que de seize participations et non pas des dix-sept effectives, et les six tours qu'il a menés au Japon sont reportés sur les pilotes qui étaient alors derrière lui.

FONTANA REVIENT Son poignet ayant de nouveau souffert à Suzuka, la prudence imposait à Morbidelli de s'abstenir pour cet ultime rendez-vous. L'Argentin Norberto Fontana a donc repris du service chez Sauber.

LA DERNIERE DE KATAYAMA Ukyo Katayama disputait lui aussi à Jerez sa dernière course en Formule 1. Son projet immédiat est de gravir l'Everest ! "Ce sera peut-être la source d'une remotivation, dit-il ; alors je reviendrai, mais dans une autre catégorie". L'hypothèse Cart demeure l'éventualité la plus tentante, mais aussi le GT avec TWR.

JODY SCHECKTER Exceptionnellement (il ne revient que très rarement dans un paddock de Formule Un), Jody Scheckter était présent à Jerez en tant que dernier champion en date de la Scuderia ferrari (1979). Sans doute pour remettre le témoin à Schumacher. ce fut raté, mais le Sud-Africain n'a fait que passer un week-end de retrouvailles.

MOET SILVER TROPHY Pour la deuxième année consécutive, le Moet Silver Trophy a été remis au pilote ayant remporté le plus grand nombre de victoires cette saison. Ne pouvant plus être rejoint sur ce chapitre par Michael Schumacher, Jacques Villeneuve a reçu dès le vendredi après-midi son cadeau des mains de son prédécesseàfiur, son ex-équipier Damon Hill.

2

3

5

4

6

7

8

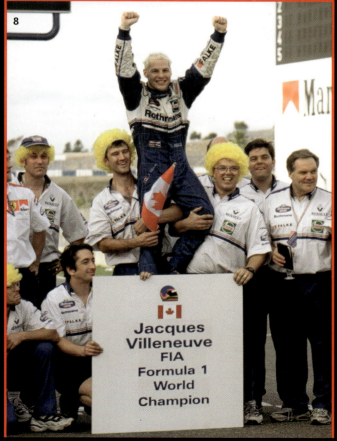

Jacques
Villeneuve
FIA
Formula 1
World
Champion

Dossier Bridgestone

Se lancer à l'assaut du géant Goodyear (360 victoires), qui détient depuis cinq ans le monopole des pneumatiques en Formule Un, n'est pas une mince aventure. Bridgestone a relevé le gant, en beauté.

Quand Shojiro Ishibashi (traduction... "stone bridge") crée sa société en 1931, le championnat du monde des conducteurs n'existe pas encore, et de toutes manières le Japon est bien éloigné du vent de folie qui souffle sur la compétition automobile en Europe.

Pour autant, l'intérêt que présente celle-ci pour dynamiser les ventes n'échappe pas à l'entrepreneur nippon. En 1963, il profite d'une épreuve internationale à Suzuka pour aligner ses premières gommes sportives. La machine est lancée.

Formules de promotion, Grand Tourisme, Formule 3000 et formule Indianapolis : les uns après les autres puis simultanément, tous les challenges furent acceptés et pas un voué à l'échec. Depuis le titre national F2 de Kurosawa en 1973, jusqu'au joli doublé CART/IRL de 1996, le manufacturier Japonais s'est taillé une légitime réputation, en son nom propre ou à travers Firestone (qu'il a racheté en 1988).

La Formule Un était, comme pour beaucoup d'entreprises, le but ultime. Un petit avant-goût en 1976 et 1977 (sur les voitures de compatriotes qui n'étaient engagées qu'au seul Grand Prix du Japon) avait démontré que les gommes locales supportaient la comparaison avec leurs homologues

Arrows, Minardi, Prost,
Stewart: point commun,
Bridgestone.

françaises, italiennes ou américaines. Mais ce n'est qu'en 1989 que le dossier est sérieusement ouvert, avec la mise en place d'une cellule Recherche & Développement spécifique, en vue de 1998... Un programme mené tambour battant, tant et si bien qu'à l'issue des essais réalisés toute l'année 1996, le directoire prend la décision de démarrer un an plus tôt que prévu !

Pour sa première saison, sans écurie de pointe, le nouveau venu a étonné, et même chamboulé la hiérarchie en permettant à certains de ses pilotes de jouer les vainqueurs potentiels : Panis à Barcelone, Barrichello à Monaco, Hill à Budapest. Il s'est signalé par une compétence technologique digne d'un vieux routier, sachant innover pour trouver des gommes adaptées "sur mesures" à tel ou tel tracé, à telles ou telles conditions climatiques. Les managers des écuries partenaires n'ont jamais tari d'éloges sur la qualité des relations et des échanges avec les ingénieurs et techniciens de vulcanisation. Une seule chose manquait : l'expérience. Et elle ne s'invente pas.

L'année prochaine, elle sera le bagage supplémentaire qui affectera une nouvelle distribution des cartes. Bridgestone compte dessus pour gagner ses galons et accéder à la seule marche du podium à laquelle elle n'a pas encore pu goûter cette année : la première.

Podiums

Rires, liesse, exhubérance. Conclusion de trois jours de stress et d'efforts, le podium est toujours une récompense, même si parfois la déception se lit sur les visages des dauphins. Cette institution ancestrale a trouvé toute sa mesure avec l'arrivée du Champagne.

Héritiers d'une vieille famille d'origine hollandaise installée à Reims et fondatrice de la maison Moët & Chandon en 1743, Paul Chandon-Moët et le Comte Frédéric Chandon de Briailles adorent le sport automobile. Ce 2 juillet 1950, lorsque Juan-Manuel Fangio reçoit les honneurs sur le podium du Grand Prix de France, les deux cousins se présentent à lui avec un Jéroboam de Champagne. C'est le point de départ d'une longue histoire d'amour qui n'a manqué que quelques Grands Prix, absence largement compensée par une omniprésence dans de multiples autres catégories. Une tradition que même les interdits religieux (tels les pilotes du sponsor arabe Saudia résolus au jus d'orange !) ou les lois anti-alcool de tous poils n'ont pu enrayer durablement. Un passage obligé sans lequel une course n'en est plus une, comme si le drapeau ne s'était pas abaissé.

Émotions. D'hommes satisfaits et de patrons comblés.
Soulagements. De la certitude après le doute.
Regrets. De vaincus minés par le désarroi.
Sourires. De vedettes invitées à remettre les trophées.
Bulles. D'une célébration unique parmi beaucoup d'autres.
En un mot : images. Images de joie ou de dépit, images souvenirs, images d'histoires et d'Histoire, images fortes quoi qu'il en soit.

À quoi pensent-ils, tous, tandis que retentissent les hymnes en leur honneur ? Aux points marqués au championnat, aux soucis qui ont fait que ce n'était "pas si facile que cela", aux records absolus qu'ils ambitionnent de battre, ou d'ores et déjà à leur prochain défi ? "Je n'ai pas encore bien compris", dit l'un ; "je ne réaliserai que demain", renchérit l'autre. Même chez les habitués de l'escalier du bonheur, le ton n'est jamais blasé, l'assimilation est toujours longue. C'est ce qui fait la magie de cet instant si bref, trop bref, que si peu, trop peu, de candidats connaitront un jour, et que certains ne goûteront jamais qu'en bas du piédestal suprême.
Dans l'univers mécanique et technologique où les sentiments n'ont pas droit de cité, le podium est une bouffée d'oxygène à ce qu'il reste d'humain, une brève mais sincère communion entre des hommes qui se sont maudits pendant trois jours, le point d'orgue d'une symphonie en V10 majeurs.

Le Trophée

Rien n'a stoppé la connivence des héros avec leur boisson synonyme de succès, bien au contraire. Depuis 1996 le magnum est présenté dans un écrin d'argent, véritable oeuvre d'art et enjeu d'un challenge sportif que se disputent les lauréats successifs des différents Grands Prix. Chaque vainqueur l'agite, mais à la fin de l'année, celui qui l'a le plus souvent tenu entre ses mains en devient le récipiendaire final, qu'il soit champion du monde ou non.

Melbourne

1° manche 1997

**Grand Prix d'Australie 7 au 9 mars
(58 tours de 5,269 kms)
598° manche du championnat du monde depuis 1950**

NOUVEAUTÉS

Fin du monopole Good-Year avec l'arrivée de Bridgestone. Nouveau réglement restrictif sur l'emploi des pneus.
Lola revient. Ligier rachetée est rebaptisée Prost. Le moteur Ferrari fourni à Sauber est rebaptisé Petronas.
Débuts de Shinji Nakano, Ralf Schumacher et Jarno Trulli (Sospiri non-qualifié) et de Stewart Grand Prix.

GRILLE DE DÉPART

1	J. VILLENEUVE	CDN	WILLIAMS-Renault	1'29 369	(213,577 km/h)
2	HH. FRENTZEN	D	WILLIAMS-Renault	1'31 123	
3	M. SCHUMACHER	D	FERRARI	1'31 472	
4	D. COULTHARD	GB	McLAREN-Mercedes	1'31 531	
5	E. IRVINE	GB	FERRARI	1'31 881	
6	M. HAKKINEN	SF	McLAREN-Mercedes	1'31 971	
7	J. HERBERT	GB	SAUBER-Petronas	1'32 287	
8	J. ALESI	F	BENETTON-Renault	1'32 593	
9	O. PANIS	F	PROST-Mugen Honda	1'32 842	
10	G. BERGER	A	BENETTON-Renault	1'32 870	
11	R. BARRICHELLO	BR	STEWART-Ford	1'33 075	
12	R. SCHUMACHER	D	JORDAN-Peugeot	1'33 130	
13	N. LARINI	I	SAUBER-Petronas	1'33 327	
14	G. FISICHELLA	I	JORDAN-Peugeot	1'33 552	
15	U. KATAYAMA	J	MINARDI-Hart	1'33 798	
16	S. NAKANO	J	PROST-Mugen Honda	1'33 989	
17	J. TRULLI	I	MINARDI-Hart	1'34 120	
18	M. SALO	SF	TYRRELL-Ford	1'34 229	
19	J. MAGNUSSEN	DK	STEWART-Ford	1'34 623	
20	D. HILL	GB	ARROWS-Yamaha	1'34 806	
21	J. VERSTAPPEN	NL	TYRRELL-Ford	1'34 943	
22	P. DINIZ	BR	ARROWS-Yamaha	1'35 972	(non-qualifié mais repêché)

NON-QUALIFIÉS (Limite de qualification 107% = 1'35 625)

23	V. SOSPIRI	I	LOLA-Ford	1'40 972	
24	R. ROSSET	BR	LOLA-Ford	1'42 086	

CLASSEMENT FINAL

1	D. COULTHARD	GB	McLAREN-Mercedes	1h30'28"718	(203,926 km/h)
2	M. SCHUMACHER	D	FERRARI	à 20"046	
3	M. HAKKINEN	SF	McLAREN-Mercedes	à 22"177	
4	G. BERGER	A	BENETTON-Renault	à 22"841	
5	O. PANIS	F	PROST-Mugen Honda	à 1'00"308	
6	N. LARINI	I	SAUBER-Petronas	à 1'36"040	
7	S. NAKANO	J	PROST-Mugen Honda	à 2 tours	
8	HH. FRENTZEN	D	WILLIAMS-Renault	à 3 tours	
9	J. TRULLI	I	MINARDI-Hart	à 3 tours	
10	P. DINIZ	BR	ARROWS-Yamaha	à 4 tours	

HOMMES DE TETE
FRENTZEN
1-17 et 32-39
COULTHARD
18-31 et 39-58

MEILLEUR TOUR

HH. FRENTZEN	D	WILLIAMS-Renault	1'30"585	(210,710 km/h)

ABANDONS

R. BARRICHELLO	BR	STEWART-Ford	50ème tour	moteur
M. SALO	SF	TYRRELL-Ford	43ème tour	moteur
J. MAGNUSSEN	DK	STEWART-Ford	37ème tour	suspension
J. ALESI	F	BENETTON-Renault	35ème tour	panne d'essence
U. KATAYAMA	J	MINARDI-Hart	33ème tour	moteur
G. FISICHELLA	I	JORDAN-Peugeot	15ème tour	sortie de piste
J. VERSTAPPEN	NL	TYRRELL-Ford	3ème tour	sortie de piste
R. SCHUMACHER	D	JORDAN-Peugeot	2ème tour	sortie de piste
E. IRVINE	GB	FERRARI	1er tour	crevaison
J. VILLENEUVE	CDN	WILLIAMS-Renault	1er tour	sortie de piste
J. HERBERT	GB	SAUBER-Petronas	1er tour	sortie de piste
D. HILL	GB	ARROWS-Yamaha	Tr de chauffe	accélérateur

RECORDS

4ème pole position VILLENEUVE, 2ème victoire & 12ème podium COULTHARD,
47ème podium M.SCHUMACHER, 14ème podium HAKKINEN, 1er meilleur tour FRENTZEN,
105ème victoire McLAREN, 10ème victoire MERCEDES.

Sao Paulo

2° manche 1997

**Grand Prix Brésil 28 au 30 mars
(72 tours de 4,292 kms)
599° manche du championnat du monde depuis 1950**

NOUVEAUTÉS

Lola est en grosses difficultés avec son sponsor Mastercard et déclare forfait.

GRILLE DE DÉPART

1	J. VILLENEUVE	CDN	WILLIAMS-Renault	1'16 004	(203,294 km/h)
2	M. SCHUMACHER	D	FERRARI	1'16 594	
3	G. BERGER	A	BENETTON-Renault	1'16 644	
4	M. HAKKINEN	SF	McLAREN-Mercedes	1'16 692	
5	O. PANIS	F	PROST-Mugen Honda	1'16 756	
6	J. ALESI	F	BENETTON-Renault	1'16 757	
7	G. FISICHELLA	I	JORDAN-Peugeot	1'16 912	
8	HH. FRENTZEN	D	WILLIAMS-Renault	1'16 971	
9	D. HILL	GB	ARROWS-Yamaha	1'17 090	
10	R. SCHUMACHER	D	JORDAN-Peugeot	1'17 175	
11	R. BARRICHELLO	BR	STEWART-Ford	1'17 259	
12	D. COULTHARD	GB	McLAREN-Mercedes	1'17 262	
13	J. HERBERT	GB	SAUBER-Petronas	1'17 409	
14	E. IRVINE	GB	FERRARI	1'17 527	
15	S. NAKANO	J	PROST-Mugen Honda	1'17 999	
16	P. DINIZ	BR	ARROWS-Yamaha	1'18 095	
17	J. TRULLI	I	MINARDI-Hart	1'18 336	
18	U. KATAYAMA	J	MINARDI-Hart	1'18 557	
19	N. LARINI	I	SAUBER-Petronas	1'18 644	
20	J. MAGNUSSEN	DK	STEWART-Ford	1'18 773	
21	J. VERSTAPPEN	NL	TYRRELL-Ford	1'18 885	
22	M. SALO	SF	TYRRELL-Ford	1'19 274	

(Limite de qualification 107% = 1'21 324)

CLASSEMENT FINAL

1	J. VILLENEUVE	CDN	WILLIAMS-Renault	1h36'06 990	(192,905 km/h)
2	G. BERGER	A	BENETTON-Renault	à 4'190	
3	O. PANIS	F	PROST-Mugen Honda	à 15"870	
4	M. HAKKINEN	SF	McLAREN-Mercedes	à 33"033	
5	M. SCHUMACHER	D	FERRARI	à 33"731	
6	J. ALESI	F	BENETTON-Renault	à 34"020	
7	J. HERBERT	GB	SAUBER-Petronas	à 50"912	
8	G. FISICHELLA	I	JORDAN-Peugeot	à 1'00"639	
9	HH. FRENTZEN	D	WILLIAMS-Renault	à 1'15"402	
10	D. COULTHARD	GB	McLAREN-Mercedes	à 1 tour	
11	N. LARINI	I	SAUBER-Petronas	à 1 tour	
12	J. TRULLI	I	MINARDI-Hart	à 1 tour	
13	M. SALO	SF	TYRRELL-Ford	à 1 tour	
14	S. NAKANO	J	PROST-Mugen Honda	à 1 tour	
15	J. VERSTAPPEN	NL	TYRRELL-Ford	à 2 tours	
16	E. IRVINE	GB	FERRARI	à 2 tours	
17	D. HILL	GB	ARROWS-Yamaha	à 4 tours	(classé mais non-arrrivé)
18	U. KATAYAMA	J	MINARDI-Hart	à 5 tours	

HOMMES DE TETE
VILLENEUVE
1-45 et 49-72
BERGER
46-48

MEILLEUR TOUR

J. VILLENEUVE	CDN	WILLIAMS-Renault	1'18"397	(197,089 km/h)

ABANDONS

R. SCHUMACHER	D	JORDAN-Peugeot	53ème tour	électricité
R. BARRICHELLO	BR	STEWART-Ford	17ème tour	rotule de suspension
P. DINIZ	BR	ARROWS-Yamaha	16ème tour	sortie de piste

FORFAIT

J. MAGNUSSEN	DK	STEWART-Ford	Absent au 2ème départ (mulet à Barrichello)

RECORDS

5ème pole position, 5ème victoire, 12ème podium et 7ème meilleur tour VILLENEUVE ;
46ème podium BERGER ; 4ème podium PANIS ; 96ème victoire WILLIAMS
et 87ème du moteur RENAULT.

Buenos Aires

3° manche 1997

Grand Prix Argentine 11 au 13 avril
(72 tours de 4,259 kms)
600° manche du championnat du monde depuis 1950

NOUVEAUTÉS
Lola reste forfait. Tyrrell arbore des petits ailerons surélevés sur des mâts, de chaque côté du cockpit.

GRILLE DE DÉPART

1	J. VILLENEUVE	CDN	WILLIAMS-Renault	1'24 473	(181,506 km/h)
2	HH. FRENTZEN	D	WILLIAMS-Renault	1'25 271
3	O. PANIS	F	PROST-Mugen Honda	1'25 491
4	M. SCHUMACHER	D	FERRARI	1'25 773
5	R. BARRICHELLO	BR	STEWART-Ford	1'25 942
6	R. SCHUMACHER	D	JORDAN-Peugeot	1'26 218
7	E. IRVINE	GB	FERRARI	1'26 327
8	J. HERBERT	GB	SAUBER-Petronas	1'26 564
9	G. FISICHELLA	I	JORDAN-Peugeot	1'26 619
10	D. COULTHARD	GB	McLAREN-Mercedes	1'26 799
11	J. ALESI	F	BENETTON-Renault	1'27 076
12	G. BERGER	A	BENETTON-Renault	1'27 259
13	D. HILL	GB	ARROWS-Yamaha	1'27 281
14	N. LARINI	I	SAUBER-Petronas	1'27 690
15	J. MAGNUSSEN	DK	STEWART-Ford	1'28 035
16	J. VERSTAPPEN	NL	TYRRELL-Ford	1'28 094
17	M. HAKKINEN	SF	McLAREN-Mercedes	1'28 135
18	J. TRULLI	I	MINARDI-Hart	1'28 160
19	M. SALO	SF	TYRRELL-Ford	1'28 224
20	S. NAKANO	J	PROST-Mugen Honda	1'28 366
21	U. KATAYAMA	J	MINARDI-Hart	1'28 413
22	P. DINIZ	BR	ARROWS-Yamaha	1'28 969

(Limite de qualification 107% = 1'30 386)

CLASSEMENT FINAL

1	J. VILLENEUVE	CDN	WILLIAMS-Renault	1h52'01"715	(164,155 km/h)
2	E. IRVINE	GB	FERRARI	à 0"979	
3	R. SCHUMACHER	D	JORDAN-Peugeot	à 12"089	
4	J. HERBERT	GB	SAUBER-Petronas	à 29"919	**HOMMES DE TETE**
5	M. HAKKINEN	SF	McLAREN-Mercedes	à 30"351	VILLENEUVE
6	G. BERGER	A	BENETTON-Renault	à 31"393	1-38 et 45-72
7	J. ALESI	F	BENETTON-Renault	à 46"359	IRVINE
8	M. SALO	SF	TYRRELL-Ford	à 1 tour	39-44
9	J. TRULLI	I	MINARDI-Hart	à 1 tour	
10	J. MAGNUSSEN	DK	STEWART-Ford	à 6 tours	(classé mais non-arrivé)

MEILLEUR TOUR

G. BERGER	A	BENETTON-Renault	1'27"981	(174,269 km/h)

ABANDONS

N. LARINI	I	SAUBER-Petronas	65ème tour	sortie de piste
P. DINIZ	BR	ARROWS-Yamaha	51ème tour	moteur
S. NAKANO	J	PROST-Mugen Honda	50ème tour	moteur
J. VERSTAPPEN	NL	TYRRELL-Ford	44ème tour	moteur
U. KATAYAMA	J	MINARDI-Hart	38ème tour	tête-à-queue
D. HILL	GB	ARROWS-Yamaha	34ème tour	moteur cassé
G. FISICHELLA	I	JORDAN-Peugeot	25ème tour	accroché/sortie de piste
R. BARRICHELLO	BR	STEWART-Ford	25ème tour	problèmes hydrauliques
O. PANIS	F	PROST-Mugen Honda	19ème tour	pression hydraulique
HH. FRENTZEN	D	WILLIAMS-Renault	6ème tour	embrayage
M. SCHUMACHER	D	FERRARI	1er tour	accrochage
D. COULTHARD	GB	McLAREN-Mercedes	1er tour	accrochage

RECORDS
6ème pole position, 6ème victoire et 13ème podium VILLENEUVE ; 20ème meilleur tour BERGER ; 3ème podium IRVINE ; 1er podium et 1ers pts R.SCHUMACHER ; 100ème pole position et 97ème victoire WILLIAMS ; 125ème pole position et 88ème victoire du moteur RENAULT.

Imola

4° manche 1997

Grand Prix Saint Marin 28 au 30 mars
(62 tours de 4,895 kms)
601° manche du championnat du monde depuis 1950

NOUVEAUTÉS
200ème Grand Prix de Berger qui rejoint Patrese, De Cesaris et Piquet dans le clan des 200 et +

GRILLE DE DÉPART

1	J. VILLENEUVE	CDN	WILLIAMS-Renault	1'23 303	(213,053 km/h)
2	HH. FRENTZEN	D	WILLIAMS-Renault	1'23 646
3	M. SCHUMACHER	D	FERRARI	1'23 955
4	O. PANIS	F	PROST-Mugen Honda	1'24 075
5	R. SCHUMACHER	D	JORDAN-Peugeot	1'24 081
6	G. FISICHELLA	I	JORDAN-Peugeot	1'24 596
7	J. HERBERT	GB	SAUBER-Petronas	1'24 723
8	M. HAKKINEN	SF	McLAREN-Mercedes	1'24 812
9	E. IRVINE	GB	FERRARI	1'24 861
10	D. COULTHARD	GB	McLAREN-Mercedes	1'25 077
11	G. BERGER	A	BENETTON-Renault	1'25 371
12	N. LARINI	I	SAUBER-Petronas	1'25 544
13	R. BARRICHELLO	BR	STEWART-Ford	1'25 579
14	J. ALESI	F	BENETTON-Renault	1'25 729
15	D. HILL	GB	ARROWS-Yamaha	1'25 743
16	J. MAGNUSSEN	DK	STEWART-Ford	1'26 192
17	P. DINIZ	BR	ARROWS-Yamaha	1'26 253
18	S. NAKANO	J	PROST-Mugen Honda	1'26 712
19	M. SALO	SF	TYRRELL-Ford	1'26 852
20	J. TRULLI	I	MINARDI-Hart	1'26 960
21	J. VERSTAPPEN	NL	TYRRELL-Ford	1'27 428
22	U. KATAYAMA	J	MINARDI-Hart	1'28 727

(Limite de qualification 107% = 1'29 134)

CLASSEMENT FINAL

1	HH. FRENTZEN	D	WILLIAMS-Renault	1h31'00"673	(201,509 km/h)
2	M. SCHUMACHER	D	FERRARI	à 1"237	
3	E. IRVINE	GB	FERRARI	à 1'18"343	
4	G. FISICHELLA	I	JORDAN-Peugeot	à 1'23"388	**HOMMES DE TETE**
5	J. ALESI	F	BENETTON-Renault	à 1 tour	VILLENEUVE
6	M. HAKKINEN	SF	McLAREN-Mercedes	à 1 tour	1-25
7	N. LARINI	I	SAUBER-Petronas	à 1 tour	FRENTZEN
8	O. PANIS	F	PROST-Mugen Honda	à 1 tour	26-43 et 45-62
9	M. SALO	SF	TYRRELL-Ford	à 2 tours	M.SCHUMACHER
10	J. VERSTAPPEN	NL	TYRRELL-Ford	à 2 tours	44
11	U. KATAYAMA	J	MINARDI-Hart	à 3 tours	

MEILLEUR TOUR

HH. FRENTZEN	D	WILLIAMS-Renault	1'25"531	(207,503 km/h)

ABANDONS

P. DINIZ	BR	ARROWS-Yamaha	54ème tour	boite de vitesses
J. VILLENEUVE	CDN	WILLIAMS-Renault	41ème tour	sélecteur de vitesses
D. COULTHARD	GB	McLAREN-Mercedes	39ème tour	moteur
R. BARRICHELLO	BR	STEWART-Ford	33ème tour	pression d'huile
J. HERBERT	GB	SAUBER-Petronas	19ème tour	moteur
R. SCHUMACHER	D	JORDAN-Peugeot	18ème tour	arbre de roue
S. NAKANO	J	PROST-Mugen Honda	12ème tour	accrochage avec Hill
D. HILL	GB	ARROWS-Yamaha	12ème tour	accrochage avec Nakano
G. BERGER	A	BENETTON-Renault	5ème tour	sortie de piste
J. MAGNUSSEN	DK	STEWART-Ford	3ème tour	sortie de piste
J. TRULLI	I	MINARDI-Hart	1er tour	boite de vitesses

RECORDS
7ème pole position VILLENEUVE ; 1ère victoire, 2ème podium et 2ème meilleur tour FRENTZEN ; 47ème podium M.SCHUMACHER ; 5ème podium IRVINE ; 1ers points FISICHELLA ; 98ème victoire WILLIAMS ; 89ème victoire du moteur RENAULT.

Monte Carlo

5° manche 1997

Grand Prix Monaco 8 au 11 mai
(78 tours de 3,366 kms)
602° manche du championnat du monde depuis 1950

NOUVEAUTÉS

100ème Grand Prix de Herbert, 90ème de M.Schumacher et 40ème de Salo.
Modification du premier esse de la piscine, appelé Virage Louis Chiron.
Longueur augmentée de 38 mètres.
Course arrêtée à la limite réglementaire des deux heures après 62 tours (pluie).

GRILLE DE DÉPART

1	HH. FRENTZEN	D	WILLIAMS-Renault	1'18 216	(154,924 km/h)
2	M. SCHUMACHER	D	FERRARI	1'18 235	
3	J. VILLENEUVE	CDN	WILLIAMS-Renault	1'18 583	
4	G. FISICHELLA	I	JORDAN-Peugeot	1'18 665	
5	D. COULTHARD	GB	McLAREN-Mercedes	1'18 779	
6	R. SCHUMACHER	D	JORDAN-Peugeot	1'18 943	
7	J. HERBERT	GB	SAUBER-Petronas	1'19 105	
8	M. HAKKINEN	SF	McLAREN-Mercedes	1'19 119	
9	J. ALESI	F	BENETTON-Renault	1'19 263	
10	R. BARRICHELLO	BR	STEWART-Ford	1'19 295	
11	N. LARINI	I	SAUBER-Petronas	1'19 468	
12	O. PANIS	F	PROST-Mugen Honda	1'19 626	
13	D. HILL	GB	ARROWS-Yamaha	1'19 674	
14	M. SALO	SF	TYRRELL-Ford	1'19 694	
15	E. IRVINE	GB	FERRARI	1'19 723	
16	P. DINIZ	BR	ARROWS-Yamaha	1'19 860	
17	G. BERGER	A	BENETTON-Renault	1'20 199	
18	J. TRULLI	I	MINARDI-Hart	1'20 349	
19	J. MAGNUSSEN	DK	STEWART-Ford	1'20 516	
20	U. KATAYAMA	J	MINARDI-Hart	1'20 606	
21	S. NAKANO	J	PROST-Mugen Honda	1'20 961	
22	J. VERSTAPPEN	NL	TYRRELL-Ford	1'21 290	

(Limite de qualification 107% = 1'23 691)

CLASSEMENT FINAL

1	M. SCHUMACHER	D	FERRARI	2h00'05"654	(104,264 km/h)
2	R. BARRICHELLO	BR	STEWART-Ford	à 53"306	
3	E. IRVINE	GB	FERRARI	à 1'22"108	
4	O. PANIS	F	PROST-Mugen Honda	à 1'44"402	
5	M. SALO	SF	TYRRELL-Ford	à 1 tour	**HOMMES DE TETE**
6	G. FISICHELLA	I	JORDAN-Peugeot	à 1 tour	M.SCHUMACHER
7	J. MAGNUSSEN	DK	STEWART-Ford	à 1 tour	1-62
8	J. VERSTAPPEN	NL	TYRRELL-Ford	à 2 tours	
9	G. BERGER	A	BENETTON-Renault	à 2 tours	
10	U. KATAYAMA	J	MINARDI-Hart	à 2 tours	

MEILLEUR TOUR

M. SCHUMACHER	D	FERRARI	1'53"315	(106,937 km/h)

ABANDONS

HH. FRENTZEN	D	WILLIAMS-Renault	40ème tour	touchette
S. NAKANO	J	PROST-Mugen Honda	37ème tour	tête-à-queue
N. LARINI	I	SAUBER-Petronas	25ème tour	crevaison
J. ALESI	F	BENETTON-Renault	17ème tour	tête-à-queue, calé
J. VILLENEUVE	CDN	WILLIAMS-Renault	17ème tour	touchette
R. SCHUMACHER	D	JORDAN-Peugeot	11ème tour	touchette
J. HERBERT	GB	SAUBER-Petronas	10ème tour	touchette
J. TRULLI	I	MINARDI-Hart	8ème tour	touchette
D. COULTHARD	GB	McLAREN-Mercedes	2ème tour	tête-à-queue
D. HILL	GB	ARROWS-Yamaha	2ème tour	accrochage
M. HAKKINEN	SF	McLAREN-Mercedes	2ème tour	accrochage
P. DINIZ	BR	ARROWS-Yamaha	1er tour	tête-à-queue

RECORDS

1ère pole position FRENTZEN ; 23ème victoire, 49ème podium et 26ème meilleur tour
M.SCHUMACHER ; 3ème podium BARRICHELLO ; 5ème podium IRVINE ; 109ème victoire FERRARI
(nouveau record absolu des constructeurs) ; 1er podium et 1ers points de l'écurie STEWART.

Barcelone

6° manche 1997

Grand Prix Espagne 23 au 25 mai
(72 tours de 4,292 kms)
603° manche du championnat du monde depuis 1950

NOUVEAUTÉS

Gianni Morbidelli remplace Nicola Larini chez Sauber. Larini redevient pilote d'essai Ferrari.
Deux départs suite à deux voitures calées sur la grille, course ramenée à 64 tours.

GRILLE DE DÉPART

1	J. VILLENEUVE	CDN	WILLIAMS-Renault	1'16 525	(222,421 km/h)
2	HH. FRENTZEN	D	WILLIAMS-Renault	1'16 791	
3	D. COULTHARD	GB	McLAREN-Mercedes	1'17 521	
4	J. ALESI	F	BENETTON-Renault	1'17 717	
5	M. HAKKINEN	SF	McLAREN-Mercedes	1'17 737	
6	G. BERGER	A	BENETTON-Renault	1'18 041	
7	M. SCHUMACHER	D	FERRARI	1'18 313	
8	G. FISICHELLA	I	JORDAN-Peugeot	1'18 385	
9	R. SCHUMACHER	D	JORDAN-Peugeot	1'18 423	
10	J. HERBERT	GB	SAUBER-Petronas	1'18 494	
11	E. IRVINE	GB	FERRARI	1'18 873	
12	O. PANIS	F	PROST-Mugen Honda	1'19 157	
13	G. MORBIDELLI	I	SAUBER-Petronas	1'19 323	
14	M. SALO	SF	TYRRELL-Ford	1'20 079	
15	D. HILL	GB	ARROWS-Yamaha	1'20 089	
16	S. NAKANO	J	PROST-Mugen Honda	1'20 103	
17	R. BARRICHELLO	BR	STEWART-Ford	1'20 255	
18	J. TRULLI	I	MINARDI-Hart	1'20 452	
19	J. VERSTAPPEN	NL	TYRRELL-Ford	1'20 582	
20	U. KATAYAMA	J	MINARDI-Hart	1'20 672	
21	P. DINIZ	BR	ARROWS-Yamaha	1'21 029	
22	J. MAGNUSSEN	DK	STEWART-Ford	1'21 060	

(Limite de qualification 107% = 1'21 882)

CLASSEMENT FINAL

1	J. VILLENEUVE	CDN	WILLIAMS-Renault	1h30'35"896	(200,314 km/h)
2	O. PANIS	F	PROST-Mugen Honda	à 5"804	
3	J. ALESI	F	BENETTON-Renault	à 12"534	
4	M. SCHUMACHER	D	FERRARI	à 17"979	
5	J. HERBERT	GB	SAUBER-Petronas	à 27"986	**HOMMES DE TETE**
6	D. COULTHARD	GB	McLAREN-Mercedes	à 29"744	VILLENEUVE
7	M. HAKKINEN	SF	McLAREN-Mercedes	à 48"785	1-20, 22-45 et 47-64
8	HH. FRENTZEN	D	WILLIAMS-Renault	à 1'04"139	ALESI
9	G. FISICHELLA	I	JORDAN-Peugeot	à 1'04"767	21
10	G. BERGER	A	BENETTON-Renault	à 1'05"670	M.SCHUMACHER
11	J. VERSTAPPEN	NL	TYRRELL-Ford	à 1 tour	46
12	E. IRVINE	GB	FERRARI	à 1 tour	
13	J. MAGNUSSEN	DK	STEWART-Ford	à 1 tour	
14	G. MORBIDELLI	I	SAUBER-Petronas	à 2 tours	
15	J. TRULLI	I	MINARDI-Hart	à 2 tours	

MEILLEUR TOUR

G. FISICHELLA	I	JORDAN-Peugeot	1'22"242	(206,960 km/h)

ABANDONS

P. DINIZ	BR	ARROWS-Yamaha	54ème tour	moteur
R. SCHUMACHER	D	JORDAN-Peugeot	51ème tour	moteur
R. BARRICHELLO	BR	STEWART-Ford	38ème tour	moteur
M. SALO	SF	TYRRELL-Ford	36ème tour	crevaison
S. NAKANO	J	PROST-Mugen Honda	35ème tour	boîte de vitesses
D. HILL	GB	ARROWS-Yamaha	19ème tour	pression d'huile
U. KATAYAMA	J	MINARDI-Hart	12ème tour	boîte de vitesses

RECORDS

8ème pole position, 7ème victoire et 14ème podium VILLENEUVE ; 5ème podium PANIS ;
27ème podium ALESI ; 1er meilleur tour FISICHELLA ;
99ème victoire WILLIAMS et 90ème du moteur RENAULT.

Montréal

7° manche 1997

Grand Prix Canada 13 au 15 juin
(69 tours de 4,421 kms)
604° manche du championnat du monde depuis 1950

NOUVEAUTÉS

Gerhard Berger absent en raison d'une infection des sinus est remplacé chez Benetton par le pilote d'essais Alexander Wurz, débutant autrichien de 23 ans.
Grave accident d'Olivier Panis au 52ème tour, course arrêtée au 55ème, classement entériné au 54ème.

GRILLE DE DÉPART

1	M. SCHUMACHER	D	FERRARI	1'18 095	(203,797 km/h)
2	J. VILLENEUVE	CDN	WILLIAMS-Renault	1'18 108	
3	R. BARRICHELLO	BR	STEWART-Ford	1'18 388	
4	HH. FRENTZEN	D	WILLIAMS-Renault	1'18 464	
5	D. COULTHARD	GB	McLAREN-Mercedes	1'18 466	
6	G. FISICHELLA	I	JORDAN-Peugeot	1'18 750	
7	R. SCHUMACHER	D	JORDAN-Peugeot	1'18 869	
8	J. ALESI	F	BENETTON-Renault	1'18 899	
9	M. HAKKINEN	SF	McLAREN-Mercedes	1'18 916	
10	O. PANIS	F	PROST-Mugen Honda	1'19 034	
11	A. WURZ	A	BENETTON-Renault	1'19 286	
12	E. IRVINE	GB	FERRARI	1'19 503	
13	J. HERBERT	GB	SAUBER-Petronas	1'19 622	
14	J. VERSTAPPEN	NL	TYRRELL-Ford	1'20 102	
15	D. HILL	GB	ARROWS-Yamaha	1'20 129	
16	P. DINIZ	BR	ARROWS-Yamaha	1'20 175	
17	M. SALO	SF	TYRRELL-Ford	1'20 336	
18	G. MORBIDELLI	I	SAUBER-Petronas	1'20 357	
19	J. TRULLI	I	MINARDI-Hart	1'20 370	
20	S. NAKANO	J	PROST-Mugen Honda	1'20 370	
21	J. MAGNUSSEN	DK	STEWART-Ford	1'20 491	
22	U. KATAYAMA	J	MINARDI-Hart	1'21 034	

(Limite de qualification 107% = 1'23 562)

CLASSEMENT FINAL

1	M. SCHUMACHER	D	FERRARI	1h17'40"646	(184,404 km/h)
2	J. ALESI	F	BENETTON-Renault	à 2"565	
3	G. FISICHELLA	I	JORDAN-Peugeot	à 3"219	
4	HH. FRENTZEN	D	WILLIAMS-Renault	à 3"768	**HOMMES DE TETE**
5	J. HERBERT	GB	SAUBER-Petronas	à 4"716	M.SCHUMACHER
6	S. NAKANO	J	PROST-Mugen Honda	à 36"701	1-27, 40-43 et 52-54
7	D. COULTHARD	GB	McLAREN-Mercedes	à 37"753	COULTHARD
8	P. DINIZ	BR	ARROWS-Yamaha	à 1 tour	28-39 ET 44-51
9	D. HILL	GB	ARROWS-Yamaha	à 1 tour	
10	G. MORBIDELLI	I	SAUBER-Petronas	à 1 tour	
11	O. PANIS	F	PROST-Mugen Honda	à 3 tours	(classé mais non-arrivé)

MEILLEUR TOUR

D. COULTHARD	GB	McLAREN-Mercedes	1'19"635	(199,856 km/h)

ABANDONS

M. SALO	SF	TYRRELL-Ford	47ème tour	moteur
J. VERSTAPPEN	NL	TYRRELL-Ford	43ème tour	boîte de vitesses
A. WURZ	A	BENETTON-Renault	36ème tour	transmission
R. BARRICHELLO	BR	STEWART-Ford	34ème tour	boîte de vitesses
J. TRULLI	I	MINARDI-Hart	33ème tour	moteur
R. SCHUMACHER	D	JORDAN-Peugeot	15ème tour	sortie de piste
U. KATAYAMA	J	MINARDI-Hart	6ème tour	sortie de piste
J. VILLENEUVE	CDN	WILLIAMS-Renault	2ème tour	sortie de piste
E. IRVINE	GB	FERRARI	1er tour	tête-à-queue
M. HAKKINEN	SF	McLAREN-Mercedes	1er tour	sortie de piste
J. MAGNUSSEN	DK	STEWART-Ford	1er tour	accrochage

RECORDS

15ème pole position, 24ème victoire et 50ème podium M.SCHUMACHER ; 28ème podium ALESI ;
1er podium FISICHELLA ; 5ème meilleur tour COULTHARD ; 1er point NAKANO ;
110ème victoire FERRARI (nouveau record absolu des constructeurs).

Magny-Cours

8° manche 1997

Grand Prix France 27 au 29 juin
(72 tours de 4,250 kms)
605° manche du championnat du monde depuis 1950

NOUVEAUTÉS

Berger reste indisponible et remplacé par Wurz. Trulli remplace Panis chez Prost et Tarso Marquès le remplace chez Minardi. Norberto Fontana effectue ses débuts en championat du monde, remplaçant Morbidelli chez Sauber.

GRILLE DE DÉPART

1	M. SCHUMACHER	D	FERRARI	1'14 548	(205,236 km/h)
2	HH. FRENTZEN	D	WILLIAMS-Renault	1'14 749	
3	R. SCHUMACHER	D	JORDAN-Peugeot	1'14 755	
4	J. VILLENEUVE	CDN	WILLIAMS-Renault	1'14 800	
5	E. IRVINE	GB	FERRARI	1'14 860	
6	J. TRULLI	I	PROST-Mugen Honda	1'14 957	
7	A. WURZ	A	BENETTON-Renault	1'14 986	
8	J. ALESI	F	BENETTON-Renault	1'15 228	
9	D. COULTHARD	GB	McLAREN-Mercedes	1'15 270	
10	M. HAKKINEN	SF	McLAREN-Mercedes	1'15 339	
11	G. FISICHELLA	I	JORDAN-Peugeot	1'15 453	
12	S. NAKANO	J	PROST-Mugen Honda	1'15 857	
13	R. BARRICHELLO	BR	STEWART-Ford	1'15 876	
14	J. HERBERT	GB	SAUBER-Petronas	1'16 018	
15	J. MAGNUSSEN	DK	STEWART-Ford	1'16 149	
16	P. DINIZ	BR	ARROWS-Yamaha	1'16 536	
17	D. HILL	GB	ARROWS-Yamaha	1'16 729	
18	J. VERSTAPPEN	NL	TYRRELL-Ford	1'16 941	
19	M. SALO	SF	TYRRELL-Ford	1'17 256	
20	N. FONTANA	RA	SAUBER-Petronas	1'17 538	
21	U. KATAYAMA	J	MINARDI-Hart	1'17 563	
22	T. MARQUES	BR	MINARDI-Hart	1'18 280	

(Limite de qualification 107% = 1'19 766)

CLASSEMENT FINAL

1	M. SCHUMACHER	D	FERRARI	1h38'50"492	(km/h)
2	HH. FRENTZEN	D	WILLIAMS-Renault	à 23"537	
3	E. IRVINE	GB	FERRARI	à 1'14"801	
4	J. VILLENEUVE	CDN	WILLIAMS-Renault	à 1'21"784	
5	J. ALESI	F	BENETTON-Renault	à 1'22"735	**HOMMES DE TETE**
6	R. SCHUMACHER	D	JORDAN-Peugeot	à 1'29"871	M.SCHUMACHER
7	D. COULTHARD	GB	McLAREN-Mercedes	à 1 tour (*)	1-22, 24-46 et 49-72
8	J. HERBERT	GB	SAUBER-Petronas	à 1 tour	FRENTZEN
9	G. FISICHELLA	I	JORDAN-Peugeot	à 1 tour	23 et 47-48
10	J. TRULLI	I	PROST-Mugen Honda	à 2 tours	
11	U. KATAYAMA	J	MINARDI-Hart	à 2 tours	
12	D. HILL	GB	ARROWS-Yamaha	à 3 tours	(*) = classé mais non-arrivé

MEILLEUR TOUR

M. SCHUMACHER	D	FERRARI	1'17"910	(196,380 km/h)

ABANDONS

M. SALO	SF	TYRRELL-Ford	62ème tour	sortie de piste
A. WURZ	A	BENETTON-Renault	61ème tour	sortie de piste
P. DINIZ	BR	ARROWS-Yamaha	59ème tour	sortie de piste
N. FONTANA	RA	SAUBER-Petronas	41ème tour	sortie de piste
R. BARRICHELLO	BR	STEWART-Ford	37ème tour	moteur
J. MAGNUSSEN	DK	STEWART-Ford	34ème tour	moteur
M. HAKKINEN	SF	McLAREN-Mercedes	19ème tour	sortie de piste
J. VERSTAPPEN	NL	TYRRELL-Ford	16ème tour	sortie de piste
S. NAKANO	J	PROST-Mugen Honda	8ème tour	sortie de piste
T. MARQUES	BR	MINARDI-Hart	6ème tour	sortie de piste

RECORDS

16ème pole position, 25ème victoire, 51ème podium et 27ème meilleur tour M.SCHUMACHER ;
3ème podium FRENTZEN ; 6ème podium IRVINE ; 111ème victoire FERRARI (nouveau record absolu).

Silverstone

9° manche 1997

Grand Prix Gde Bretagne 11 au 13 juillet
(60 tours de 5,140 kms)
606° manche du championnat du monde depuis 1950

NOUVEAUTÉS

Berger toujours absent reste remplacé par Wurz. Le circuit entièrement resurfacé et légèrement modifié en deux endroits est raccourci de trois mètres en tout. Deux tours de chauffe, course ramenée à 59 tours.

GRILLE DE DÉPART

1	J. VILLENEUVE	CDN	WILLIAMS-Renault	1'21 598	(226,770 km/h)
2	HH. FRENTZEN	D	WILLIAMS-Renault	1'21 732	
3	M. HAKKINEN	SF	McLAREN-Mercedes	1'21 797	
4	M. SCHUMACHER	D	FERRARI	1'21 977	
5	R. SCHUMACHER	D	JORDAN-Peugeot	1'22 277	
6	D. COULTHARD	GB	McLAREN-Mercedes	1'22 279	
7	E. IRVINE	GB	FERRARI	1'22 342	
8	A. WURZ	A	BENETTON-Renault	1'22 344	
9	J. HERBERT	GB	SAUBER-Petronas	1'22 368	
10	G. FISICHELLA	I	JORDAN-Peugeot	1'22 371	
11	J. ALESI	F	BENETTON-Renault	1'22 392	
12	D. HILL	GB	ARROWS-Yamaha	1'23 271	
13	J. TRULLI	I	PROST-Mugen Honda	1'23 366	
14	S. NAKANO	J	PROST-Mugen Honda	1'23 887	
15	J. MAGNUSSEN	DK	STEWART-Ford	1'24 067	
16	P. DINIZ	BR	ARROWS-Yamaha	1'24 239	
17	M. SALO	SF	TYRRELL-Ford	1'24 478	
18	U. KATAYAMA	J	MINARDI-Hart	1'24 553	
19	J. VERSTAPPEN	NL	TYRRELL-Ford	1'25 010	
20	T. MARQUES	BR	MINARDI-Hart	1'25 154	
21	R. BARRICHELLO	BR	STEWART-Ford	1'25 525	
22	N. FONTANA	RA	SAUBER-Petronas	pas de temps	

Fontana (1'23 770, 14ème) absent au controle technique, a ses temps annules mais il reste admis en fond de grille.

(Limite de qualification 107% = 1'27 310)

CLASSEMENT FINAL

1	J. VILLENEUVE	CDN	WILLIAMS-Renault	1h28'01"665	(206,703 km/h)
2	J. ALESI	F	BENETTON-Renault	à 10"205	
3	A. WURZ	A	BENETTON-Renault	à 11"296	**HOMMES DE TETE**
4	D. COULTHARD	GB	McLAREN-Mercedes	à 31"229	VILLENEUVE
5	R. SCHUMACHER	D	JORDAN-Peugeot	à 31"880	1-22, 38-44 et 53-59
6	D. HILL	GB	ARROWS-Yamaha	à 1'13"552	M.SCHUMACHER
7	G. FISICHELLA	I	JORDAN-Peugeot	à 1 tour	23-37
8	J. TRULLI	I	PROST-Mugen Honda	à 1 tour	HAKKINEN
9	N. FONTANA	RA	SAUBER-Petronas	à 1 tour	45-52
10	T. MARQUES	BR	MINARDI-Hart	à 1 tour	
11	S. NAKANO	J	PROST-Mugen Honda	à 1 tour (*)	(*) = classé mais non-arrivé

MEILLEUR TOUR

M. SCHUMACHER	D	FERRARI	1'24"475	(219,047 km/h)

ABANDONS

M. HAKKINEN	SF	McLAREN-Mercedes	53ème tour	moteur
J. MAGNUSSEN	DK	STEWART-Ford	51ème tour	moteur
J. VERSTAPPEN	NL	TYRRELL-Ford	46ème tour	moteur
M. SALO	SF	TYRRELL-Ford	45ème tour	moteur
E. IRVINE	GB	FERRARI	45ème tour	suspension
J. HERBERT	GB	SAUBER-Petronas	43ème tour	électronique
M. SCHUMACHER	D	FERRARI	39ème tour	freins
R. BARRICHELLO	BR	STEWART-Ford	38ème tour	sortie de piste
P. DINIZ	BR	ARROWS-Yamaha	30ème tour	pression d'air
HH. FRENTZEN	D	WILLIAMS-Renault	1er tour	sortie de piste
U. KATAYAMA	J	MINARDI-Hart	1er tour	sortie de piste

RECORDS

9ème pole position, 8ème victoire et 15ème podium VILLENEUVE ; 29ème podium ALESI ; 1er podium et 1ers points WURZ ; 28ème meilleur tour M.SCHUMACHER ; 100ème victoire WILLIAMS et 91ème du moteur RENAULT.

Hockenheim

10° manche 1997

Grand Prix Allemagne 25 au 27 juillet
(45 tours de 6,823 kms)
607° manche du championnat du monde depuis 1950

NOUVEAUTÉS

Berger revient après trois Grands Prix d'absence.

GRILLE DE DÉPART

1	G. BERGER	A	BENETTON-Renault	1'41 873	(241,112 km/h)
2	G. FISICHELLA	I	JORDAN-Peugeot	1'41 896	
3	M. HAKKINEN	SF	McLAREN-Mercedes	1'42 034	
4	M. SCHUMACHER	D	FERRARI	1'42 181	
5	HH. FRENTZEN	D	WILLIAMS-Renault	1'42 421	
6	J. ALESI	F	BENETTON-Renault	1'42 493	
7	R. SCHUMACHER	D	JORDAN-Peugeot	1'42 498	
8	D. COULTHARD	GB	McLAREN-Mercedes	1'42 687	
9	J. VILLENEUVE	CDN	WILLIAMS-Renault	1'42 967	
10	E. IRVINE	GB	FERRARI	1'43 209	
11	J. TRULLI	I	PROST-Mugen Honda	1'43 226	
12	R. BARRICHELLO	BR	STEWART-Ford	1'43 272	
13	D. HILL	GB	ARROWS-Yamaha	1'43 561	
14	J. HERBERT	GB	SAUBER-Petronas	1'43 660	
15	J. MAGNUSSEN	DK	STEWART-Ford	1'43 927	
16	P. DINIZ	BR	ARROWS-Yamaha	1'44 069	
17	S. NAKANO	J	PROST-Mugen Honda	1'44 112	
18	N. FONTANA	RA	SAUBER-Petronas	1'44 552	
19	M. SALO	SF	TYRRELL-Ford	1'45 372	
20	J. VERSTAPPEN	NL	TYRRELL-Ford	1'45 811	
21	T. MARQUES	BR	MINARDI-Hart	1'45 942	
22	U. KATAYAMA	J	MINARDI-Hart	1'46 499	

(Limite de qualification 107% = 1'49 004)

CLASSEMENT FINAL

1	G. BERGER	A	BENETTON-Renault	1h20'59"046	(227,478 km/h)
2	M. SCHUMACHER	D	FERRARI	à 17"527	
3	M. HAKKINEN	SF	McLAREN-Mercedes	à 24"770	
4	J. TRULLI	I	PROST-Mugen Honda	à 27"165	**HOMMES DE TETE**
5	R. SCHUMACHER	D	JORDAN-Peugeot	à 29"995	BERGER
6	J. ALESI	F	BENETTON-Renault	à 34"717	1-17 et 25-45
7	S. NAKANO	J	PROST-Mugen Honda	à 1'19"722	FISICHELLA
8	D. HILL	GB	ARROWS-Yamaha	à 1 tour	18-24
9	N. FONTANA	RA	SAUBER-Petronas	à 1 tour	
10	J. VERSTAPPEN	NL	TYRRELL-Ford	à 1 tour	
11	G. FISICHELLA	I	JORDAN-Peugeot	à 5 tours (*)	(*) = classé mais non-arrivé

MEILLEUR TOUR

G. BERGER	A	BENETTON-Renault	1'45"747	(232,278 km/h)

ABANDONS

J. VILLENEUVE	CDN	WILLIAMS-Renault	34ème tour	tête-à-queue
R. BARRICHELLO	BR	STEWART-Ford	34ème tour	moteur
M. SALO	SF	TYRRELL-Ford	34ème tour	embrayage
J. MAGNUSSEN	DK	STEWART-Ford	28ème tour	moteur
U. KATAYAMA	J	MINARDI-Hart	24ème tour	panne d'essence
J. HERBERT	GB	SAUBER-Petronas	9ème tour	accrochage Diniz
P. DINIZ	BR	ARROWS-Yamaha	9ème tour	accrochage Herbert
D. COULTHARD	GB	McLAREN-Mercedes	1er tour	accrochage Irvine
HH. FRENTZEN	D	WILLIAMS-Renault	1er tour	accrochage Irvine
E. IRVINE	GB	FERRARI	1er tour	accrochage Frentzen
T. MARQUES	BR	MINARDI-Hart	sur la grille	moteur

RECORDS

12ème pole position, 10ème victoire, 48ème podium et 21ème meilleur tour BERGER ; 52ème podium M.SCHUMACHER ; 15ème podium HAKKINEN ; 1ers pts TRULLI ; 27ème victoire BENETTON et 92ème moteur RENAULT.

Budapest

11° manche 1997

Grand Prix Hongrie 8 au 10 août
(77 tours de 3,968 kms)
608° manche du championnat du monde depuis 1950

NOUVEAUTÉS
Morbidelli revient après trois Grands Prix d'absence.

GRILLE DE DÉPART

1	M. SCHUMACHER	D	FERRARI	1'14 672	(191,300 km/h)
2	J. VILLENEUVE	CDN	WILLIAMS-Renault	1'14 859	
3	D. HILL	GB	ARROWS-Yamaha	1'15 044	
4	M. HAKKINEN	SF	McLAREN-Mercedes	1'15 140	
5	E. IRVINE	GB	FERRARI	1'15 424	
6	HH. FRENTZEN	D	WILLIAMS-Renault	1'15 520	
7	G. BERGER	A	BENETTON-Renault	1'15 699	
8	D. COULTHARD	GB	McLAREN-Mercedes	1'15 705	
9	J. ALESI	F	BENETTON-Renault	1'15 905	
10	J. HERBERT	GB	SAUBER-Petronas	1'16 138	
11	R. BARRICHELLO	BR	STEWART-Ford	1'16 138	
12	J. TRULLI	I	PROST-Mugen Honda	1'16 297	
13	G. FISICHELLA	I	JORDAN-Peugeot	1'16 300	
14	R. SCHUMACHER	D	JORDAN-Peugeot	1'16 686	
15	G. MORBIDELLI	I	SAUBER-Petronas	1'16 766	
16	S. NAKANO	J	PROST-Mugen Honda	1'16 784	
17	J. MAGNUSSEN	DK	STEWART-Ford	1'16 858	
18	J. VERSTAPPEN	NL	TYRRELL-Ford	1'17 095	
19	P. DINIZ	BR	ARROWS-Yamaha	1'17 118	
20	U. KATAYAMA	J	MINARDI-Hart	1'17 232	
21	M. SALO	SF	TYRRELL-Ford	1'17 482	
22	T. MARQUES	BR	MINARDI-Hart	1'18 020	

(Limite de qualification 107% = 1'19 899)

CLASSEMENT FINAL

1	J. VILLENEUVE	CDN	WILLIAMS-Renault	1h45'47"149	(173,295 km/h)
2	D. HILL	GB	ARROWS-Yamaha	à 9"079	**HOMMES DE TETE**
3	J. HERBERT	GB	SAUBER-Petronas	à 20"445	M.SCHUMACHER
4	M. SCHUMACHER	D	FERRARI	à 30"501	1-9
5	R. SCHUMACHER	D	JORDAN-Peugeot	à 30"715	HILL
6	S. NAKANO	J	PROST-Mugen Honda	à 41"512	10-24 et 28-76
7	J. TRULLI	I	PROST-Mugen Honda	à 1'15"552	FRENTZEN
8	G. BERGER	A	BENETTON-Renault	à 1'16"409	25-27
9	E. IRVINE	GB	FERRARI	à 1 tour (*)	VILLENEUVE
10	U. KATAYAMA	J	MINARDI-Hart	à 1 tour	77
11	J. ALESI	F	BENETTON-Renault	à 1 tour	(*) = classé mais non-arrivé
12	T. MARQUES	BR	MINARDI-Hart	à 2 tours	
13	M. SALO	SF	TYRRELL-Ford	à 2 tours	

MEILLEUR TOUR

HH. FRENTZEN	D	WILLIAMS-Renault	1'18"372	(182,269 km/h)

ABANDONS

D. COULTHARD	GB	McLAREN-Mercedes	66ème tour	hydraulique
J. VERSTAPPEN	NL	TYRRELL-Ford	62ème tour	moteur
P. DINIZ	BR	ARROWS-Yamaha	54ème tour	moteur
G. FISICHELLA	I	JORDAN-Peugeot	43ème tour	tête-à-queue
HH. FRENTZEN	D	WILLIAMS-Renault	30ème tour	fermeture réservoir
R. BARRICHELLO	BR	STEWART-Ford	30ème tour	
M. HAKKINEN	SF	McLAREN-Mercedes	13ème tour	moteur
G. MORBIDELLI	I	SAUBER-Petronas	8ème tour	moteur
J. MAGNUSSEN	DK	STEWART-Ford	6ème tour	sortie de piste

RECORDS
17ème pole position M.SCHUMACHER ; 9ème victoire et 16ème podium VILLENEUVE ;
41ème podium HILL ; 6ème podium HERBERT ; 3ème meilleur tour FRENTZEN ;
101ème victoire WILLIAMS et 93ème du moteur RENAULT.

Spa

12° manche 1997

Grand Prix Belgique 22 au 24 août
(44 tours de 6,968 kms)
609° manche du championnat du monde depuis 1950

GRILLE DE DÉPART

1	J. VILLENEUVE	CDN	WILLIAMS-Renault	1'49 450	(229,189 km/h)
2	J. ALESI	F	BENETTON-Renault	1'49 759	
3	M. SCHUMACHER	D	FERRARI	1'50 293	
4	G. FISICHELLA	I	JORDAN-Peugeot	1'50 470	
5	M. HAKKINEN	SF	McLAREN-Mercedes	1'50 503	
6	R. SCHUMACHER	D	JORDAN-Peugeot	1'50 520	
7	HH. FRENTZEN	D	WILLIAMS-Renault	1'50 656	
8	P. DINIZ	BR	ARROWS-Yamaha	1'50 853	
9	D. HILL	GB	ARROWS-Yamaha	1'50 970	
10	D. COULTHARD	GB	McLAREN-Mercedes	1'51 410	
11	J. HERBERT	GB	SAUBER-Petronas	1'51 725	
12	R. BARRICHELLO	BR	STEWART-Ford	1'51 916	
13	G. MORBIDELLI	I	SAUBER-Petronas	1'52 094	
14	J. TRULLI	I	PROST-Mugen Honda	1'52 274	
15	G. BERGER	A	BENETTON-Renault	1'52 391	
16	S. NAKANO	J	PROST-Mugen Honda	1'52 749	
17	E. IRVINE	GB	FERRARI	1'52 793	
18	J. MAGNUSSEN	DK	STEWART-Ford	1'52 886	
19	M. SALO	SF	TYRRELL-Ford	1'52 897	
20	U. KATAYAMA	J	MINARDI-Hart	1'53 544	
21	J. VERSTAPPEN	NL	TYRRELL-Ford	1'53 725	
22	T. MARQUES	BR	MINARDI-Hart	1'54 505	

(Limite de qualification 107% = 1'57 111)

CLASSEMENT FINAL

1	M. SCHUMACHER	D	FERRARI	1h33'46"717	(196,149 km/h)
2	G. FISICHELLA	I	JORDAN-Peugeot	à 26"753	
3	HH. FRENTZEN	D	WILLIAMS-Renault	à 32"147	
4	J. HERBERT	GB	SAUBER-Petronas	à 39"025	**HOMMES DE TETE**
5	J. VILLENEUVE	CDN	WILLIAMS-Renault	à 42"103	VILLENEUVE
6	G. BERGER	A	BENETTON-Renault	à 1'03"741	1-3
7	P. DINIZ	BR	ARROWS-Yamaha	à 1'25"931	M.SCHUMACHER
8	J. ALESI	F	BENETTON-Renault	à 1'42"008	4-44
9	G. MORBIDELLI	I	SAUBER-Petronas	à 1'42"582	
10	E. IRVINE	GB	FERRARI	à 1 tour (*)	
11	M. SALO	SF	TYRRELL-Ford	à 1 tour	
12	J. MAGNUSSEN	DK	STEWART-Ford	à 1 tour	
13	D. HILL	GB	ARROWS-Yamaha	à 2 tours (*)	
14	U. KATAYAMA	J	MINARDI-Hart	à 2 tours (*)	
15	J. TRULLI	I	PROST-Mugen Honda	à 2 tours	(*) = classé mais non-arrivé

MEILLEUR TOUR

J. VILLENEUVE	CDN	WILLIAMS-Renault	1'52"692	(222,596 km/h)

DISQUALIFIÉ

M. HAKKINEN	SF	McLAREN-Mercedes	(3ème, essence non-conforme aux essais)

ABANDONS

J. VERSTAPPEN	NL	TYRRELL-Ford	26ème tour	sortie de piste
R. SCHUMACHER	D	JORDAN-Peugeot	22ème tour	sortie de piste
D. COULTHARD	GB	McLAREN-Mercedes	20ème tour	sortie de piste
T. MARQUES	BR	MINARDI-Hart	19ème tour	sortie de piste
R. BARRICHELLO	BR	STEWART-Ford	9ème tour	accrochage Frentzen
S. NAKANO	J	PROST-Mugen Honda	6ème tour	sortie de piste

RECORDS
10ème pole position et 8ème meilleur tour VILLENEUVE ; 26ème victoire et
53ème podium M.SCHUMACHER ; 2ème podium FISICHELLA ; 4ème podium FRENTZEN ;
112ème victoire FERRARI (nouveau record absolu).

Monza

13° manche 1997

Grand Prix Italie 5 au 7 septembre
(53 tours de 5,770 kms)
610° manche du championnat du monde depuis 1950

GRILLE DE DÉPART

1	J. ALESI	F	BENETTON-Renault	1'22 990	(250,295 km/h)
2	HH. FRENTZEN	D	WILLIAMS-Renault	1'23 042	
3	G. FISICHELLA	I	JORDAN-Peugeot	1'23 066	
4	J. VILLENEUVE	CDN	WILLIAMS-Renault	1'23 231	
5	M. HAKKINEN	SF	McLAREN-Mercedes	1'23 340	
6	D. COULTHARD	GB	McLAREN-Mercedes	1'23 347	
7	G. BERGER	A	BENETTON-Renault	1'23 443	
8	R. SCHUMACHER	D	JORDAN-Peugeot	1'23 603	
9	M. SCHUMACHER	D	FERRARI	1'23 624	
10	E. IRVINE	GB	FERRARI	1'23 891	
11	R. BARRICHELLO	BR	STEWART-Ford	1'24 177	
12	J. HERBERT	GB	SAUBER-Petronas	1'24 242	
13	J. MAGNUSSEN	DK	STEWART-Ford	1'24 394	
14	D. HILL	GB	ARROWS-Yamaha	1'24 482	
15	S. NAKANO	J	PROST-Mugen Honda	1'24 553	
16	J. TRULLI	I	PROST-Mugen Honda	1'24 567	
17	P. DINIZ	BR	ARROWS-Yamaha	1'24 639	
18	G. MORBIDELLI	I	SAUBER-Petronas	1'24 735	
19	M. SALO	SF	TYRRELL-Ford	1'25 693	
20	J. VERSTAPPEN	NL	TYRRELL-Ford	1'25 845	
21	U. KATAYAMA	J	MINARDI-Hart	1'26 655	
22	T. MARQUES	BR	MINARDI-Hart	1'27 677	

(Limite de qualification 107% = 1'28 799)

CLASSEMENT FINAL

1	D. COULTHARD	GB	McLAREN-Mercedes	1h17'04"609	(238,036 km/h)
2	J. ALESI	F	BENETTON-Renault	à 1"937	
3	HH. FRENTZEN	D	WILLIAMS-Renault	à 4"343	**HOMMES DE TETE**
4	G. FISICHELLA	I	JORDAN-Peugeot	à 5"871	ALESI
5	J. VILLENEUVE	CDN	WILLIAMS-Renault	à 6"416	1-31
6	M. SCHUMACHER	D	FERRARI	à 11"481	HAKKINEN
7	G. BERGER	A	BENETTON-Renault	à 12"471	32-33
8	E. IRVINE	GB	FERRARI	à 17"639	M.SCHUMACHER
9	M. HAKKINEN	SF	McLAREN-Mercedes	à 49"373	34
10	J. TRULLI	I	PROST-Mugen Honda	à 1'02"706	COULTHARD
11	S. NAKANO	J	PROST-Mugen Honda	à 1'03"327	35-53
12	G. MORBIDELLI	I	SAUBER-Petronas	à 1 tour	
13	R. BARRICHELLO	BR	STEWART-Ford	à 1 tour	
14	T. MARQUES	BR	MINARDI-Hart	à 3 tours	

MEILLEUR TOUR

M. HAKKINEN	SF	McLAREN-Mercedes	1'24"808	(244,929 km/h)

ABANDONS

D. HILL	GB	ARROWS-Yamaha	47ème tour	moteur
R. SCHUMACHER	D	JORDAN-Peugeot	40ème tour	accrochage Herbert
J. HERBERT	GB	SAUBER-Petronas	39ème tour	accrochage R.Schumacher
M. SALO	SF	TYRRELL-Ford	34ème tour	moteur
J. MAGNUSSEN	DK	STEWART-Ford	32ème tour	boite de vitesses
J. VERSTAPPEN	NL	TYRRELL-Ford	13ème tour	boite de vitesses
U. KATAYAMA	J	MINARDI-Hart	9ème tour	sortie de piste
P. DINIZ	BR	ARROWS-Yamaha	5ème tour	suspension arrière

RECORDS

2ème pole position et 30ème podium ALESI ; 3ème victoire et 13ème podium COULTHARD ;
5ème podium FRENTZEN ; 1er meilleur tour HAKKINEN ; 106ème victoire McLAREN et
11ème d'un moteur MERCEDES.

A1 Ring

14° manche 1997

Grand Prix Autriche 18 au 21 septembre
(71 tours de 4,328 kms)
611° manche du championnat du monde depuis 1950

GRILLE DE DÉPART

1	J. VILLENEUVE	CDN	WILLIAMS-Renault	1'10 304	(221,364 km/h)
2	M. HAKKINEN	SF	McLAREN-Mercedes	1'10 398	
3	J. TRULLI	I	PROST-Mugen Honda	1'10 511	
4	HH. FRENTZEN	D	WILLIAMS-Renault	1'10 670	
5	R. BARRICHELLO	BR	STEWART-Ford	1'10 700	
6	J. MAGNUSSEN	DK	STEWART-Ford	1'10 893	
7	D. HILL	GB	ARROWS-Yamaha	1'11 025	
8	E. IRVINE	GB	FERRARI	1'11 051	
9	M. SCHUMACHER	D	FERRARI	1'11 056	
10	D. COULTHARD	GB	McLAREN-Mercedes	1'11 076	
11	R. SCHUMACHER	D	JORDAN-Peugeot	1'11 186	
12	J. HERBERT	GB	SAUBER-Petronas	1'11 210	
13	G. MORBIDELLI	I	SAUBER-Petronas	1'11 261	
14	G. FISICHELLA	I	JORDAN-Peugeot	1'11 299	
15	J. ALESI	F	BENETTON-Renault	1'11 382	
16	S. NAKANO	J	PROST-Mugen Honda	1'11 596	
17	P. DINIZ	BR	ARROWS-Yamaha	1'11 615	
18	G. BERGER	A	BENETTON-Renault	1'11 620	
19	U. KATAYAMA	J	MINARDI-Hart	1'12 036	
20	J. VERSTAPPEN	NL	TYRRELL-Ford	1'12 230	
21	M. SALO	SF	TYRRELL-Ford	1'14 246	

(Limite de qualification 107% = 1'15 225)

DISQUALIFIÉ

T. MARQUES	BR	MINARDI-Hart	(1'12 304, 21ème) poids non conforme

CLASSEMENT FINAL

1	J. VILLENEUVE	CDN	WILLIAMS-Renault	1h27'35"999	(210,228 km/h)
2	D. COULTHARD	GB	McLAREN-Mercedes	à 2"909	
3	HH. FRENTZEN	D	WILLIAMS-Renault	à 3"962	**HOMMES DE TETE**
4	G. FISICHELLA	I	JORDAN-Peugeot	à 12"127	TRULLI
5	R. SCHUMACHER	D	JORDAN-Peugeot	à 31"859	1-37
6	M. SCHUMACHER	D	FERRARI	à 33"410	VILLENEUVE
7	D. HILL	GB	ARROWS-Yamaha	à 37"207	38-40 et 44-71
8	J. HERBERT	GB	SAUBER-Petronas	à 49"057	M.SCHUMACHER
9	G. MORBIDELLI	I	SAUBER-Petronas	à 1'06"455	41-42
10	G. BERGER	A	BENETTON-Renault	à 1 tour	COULTHARD
11	U. KATAYAMA	J	MINARDI-Hart	à 2 tours	43
12	J. VERSTAPPEN	NL	TYRRELL-Ford	à 2 tours	
13	P. DINIZ	BR	ARROWS-Yamaha	à 4 tours (*)	
14	R. BARRICHELLO	BR	STEWART-Ford	à 7 tours (*)	(*) = classé mais non arrivé

MEILLEUR TOUR

J. VILLENEUVE	CDN	WILLIAMS-Renault	1'11"814	(216,709 km/h)

ABANDONS

J. TRULLI	I	PROST-Mugen Honda	59ème tour	moteur
J. MAGNUSSEN	DK	STEWART-Ford	59ème tour	moteur
S. NAKANO	J	PROST-Mugen Honda	58ème tour	moteur
M. SALO	SF	TYRRELL-Ford	49ème tour	boîte de vitesses
E. IRVINE	GB	FERRARI	38ème tour	accrochage Alesi
J. ALESI	F	BENETTON-Renault	38ème tour	accrochage Irvine
M. HAKKINEN	SF	McLAREN-Mercedes	1er tour	moteur

RECORDS

11ème pole position, 10ème victoire, 17ème podium et 9ème meilleur tour VILLENEUVE ;
14ème podium COULTHARD ; 6ème podium FRENTZEN ; 102ème victoire WILLIAMS et
94ème du moteur RENAULT.

Nürburgring

15° manche 1997

Grand Prix Luxembourg 8 au 10 août
(67 tours de 4,556 kms)
612° manche du championnat du monde depuis 1950

NOUVEAUTÉS

Panis revient après sept Grands Prix d'absence. Trulli ne retourne pas chez Minardi.
Premier Grand Prix de David Richards en qualité de nouveau directeur sportif de Benetton.

GRILLE DE DÉPART

1	M. HAKKINEN	SF	McLAREN-Mercedes	1'16 602	(214,114 km/h)
2	J. VILLENEUVE	CDN	WILLIAMS-Renault	1'16 691	
3	HH. FRENTZEN	D	WILLIAMS-Renault	1'16 741	
4	G. FISICHELLA	I	JORDAN-Peugeot	1'17 289	
5	M. SCHUMACHER	D	FERRARI	1'17 385	
6	D. COULTHARD	GB	McLAREN-Mercedes	1'17 387	
7	G. BERGER	A	BENETTON-Renault	1'17 587	
8	R. SCHUMACHER	D	JORDAN-Peugeot	1'17 595	
9	R. BARRICHELLO	BR	STEWART-Ford	1'17 617	
10	J. ALESI	F	BENETTON-Renault	1'17 620	
11	O. PANIS	F	PROST-Mugen Honda	1'17 650	
12	J. MAGNUSSEN	DK	STEWART-Ford	1'17 722	
13	D. HILL	GB	ARROWS-Yamaha	1'17 795	
14	E. IRVINE	GB	FERRARI	1'17 855	
15	P. DINIZ	BR	ARROWS-Yamaha	1'18 128	
16	J. HERBERT	GB	SAUBER-Petronas	1'18 303	
17	S. NAKANO	J	PROST-Mugen Honda	1'18 699	
18	T. MARQUES	BR	MINARDI-Hart	1'19 347	
19	G. MORBIDELLI	I	SAUBER-Petronas	1'19 490	
20	M. SALO	SF	TYRRELL-Ford	1'19 526	
21	J. VERSTAPPEN	NL	TYRRELL-Ford	1'19 531	
22	U. KATAYAMA	J	MINARDI-Hart	1'20 615	

(Limite de qualification 107% = 1'21 964)

CLASSEMENT FINAL

1	J. VILLENEUVE	CDN	WILLIAMS-Renault	1h31'27"843	(200,232 km/h)
2	J. ALESI	F	BENETTON-Renault	à 11"770	
3	HH. FRENTZEN	D	WILLIAMS-Renault	à 13"480	
4	G. BERGER	A	BENETTON-Renault	à 16"416	
5	P. DINIZ	BR	ARROWS-Yamaha	à 43"147	
6	O. PANIS	F	PROST-Mugen Honda	à 43"750	
7	J. HERBERT	GB	SAUBER-Petronas	à 44"354	
8	D. HILL	GB	ARROWS-Yamaha	à 44"777	
9	G. MORBIDELLI	I	SAUBER-Petronas	à 1 tour	
10	M. SALO	SF	TYRRELL-Ford	à 1 tour	

HOMMES DE TETE

HAKKINEN   1-28 et 31-43
COULTHARD   29-30
VILLENEUVE   44-67

HAKKINEN	1-28 et 31-43
COULTHARD	29-30
VILLENEUVE	44-67
	43

MEILLEUR TOUR

HH. FRENTZEN   D   WILLIAMS-Renault   1'18"805   (208,128 km/h)

ABANDONS

J. VERSTAPPEN	NL	TYRRELL-Ford	51ème tour	moteur
R. BARRICHELLO	BR	STEWART-Ford	44ème tour	pression hydraulique
M. HAKKINEN	SF	McLAREN-Mercedes	44ème tour	moteur
D. COULTHARD	GB	McLAREN-Mercedes	43ème tour	moteur
J. MAGNUSSEN	DK	STEWART-Ford	41ème tour	arbre de roue
E. IRVINE	GB	FERRARI	23ème tour	moteur
S. NAKANO	J	PROST-Mugen Honda	17ème tour	moteur
T. MARQUES	BR	MINARDI-Hart	3ème tour	moteur
M. SCHUMACHER	D	FERRARI	2ème tour	accrochage R.Schum.
U. KATAYAMA	J	MINARDI-Hart	1er tour	accrochage 2 Jordan
G. FISICHELLA	I	JORDAN-Peugeot	1er tour	accrochage R.Schum.
R. SCHUMACHER	D	JORDAN-Peugeot	1er tour	accrochage Fis./M.Schu.

RECORDS

1ère pole position HAKKINEN ; 11ème victoire, 18ème podium VILLENEUVE ; 31ème podium ALESI ;
7ème podium et 4ème meilleur tour FRENTZEN; 103ème victoire WILLIAMS et 95ème du moteur
RENAULT.

Japan

16° manche 1997

Grand Prix du Japon, 10 au 12 octobre
(53 tours de 5,864 kms)
613° manche du championnat du monde depuis 1950

GRILLE DE DÉPART

1	J. VILLENEUVE	CDN	WILLIAMS-Renault	1'36 071	(219,737 km/h)
2	M. SCHUMACHER	D	FERRARI	1'36 133	
3	E. IRVINE	GB	FERRARI	1'36 466	
4	M. HAKKINEN	SF	McLAREN-Mercedes	1'36 469	
5	G. BERGER	A	BENETTON-Renault	1'36 561	
6	HH. FRENTZEN	D	WILLIAMS-Renault	1'36 628	
7	J. ALESI	F	BENETTON-Renault	1'36 682	
8	J. HERBERT	GB	SAUBER-Petronas	1'36 906	
9	G. FISICHELLA	I	JORDAN-Peugeot	1'36 917	
10	O. PANIS	F	PROST-Mugen Honda	1'37 073	
11	D. COULTHARD	GB	McLAREN-Mercedes	1'37 095	
12	R. BARRICHELLO	BR	STEWART-Ford	1'37 343	
13	R. SCHUMACHER	D	JORDAN-Peugeot	1'37 443	
14	J. MAGNUSSEN	DK	STEWART-Ford	1'37 480	
15	S. NAKANO	J	PROST-Mugen Honda	1'37 588	
16	P. DINIZ	BR	ARROWS-Yamaha	1'37 853	
17	D. HILL	GB	ARROWS-Yamaha	1'38 022	
18	U. KATAYAMA	J	MINARDI-Hart	1'38 983	
19	T. MARQUES	BR	MINARDI-Hart	1'39 678	
20	J. VERSTAPPEN	NL	TYRRELL-Ford	1'40 259	
21	M. SALO	SF	TYRRELL-Ford	1'40 529	

(Limite de qualification 107% = 1'57 111)

FORFAIT

G. MORBIDELLI   I   SAUBER-Petronas   (1'38 556, 18ème) poignet douloureux

CLASSEMENT FINAL

1	M. SCHUMACHER	D	FERRARI	1h29'48"446	(207,508 km/h)
2	HH. FRENTZEN	D	WILLIAMS-Renault	à 1"378	
3	E. IRVINE	GB	FERRARI	à 26"384	
4	M. HAKKINEN	SF	McLAREN-Mercedes	à 27"129	
5	J. ALESI	F	BENETTON-Renault	à 40"403	
6	J. HERBERT	GB	SAUBER-Petronas	à 41"630	
7	G. FISICHELLA	I	JORDAN-Peugeot	à 56"825	
8	G. BERGER	A	BENETTON-Renault	à 1'00"429	
9	R. SCHUMACHER	D	JORDAN-Peugeot	à 1'22"036	
10	D. COULTHARD	GB	McLAREN-Mercedes	à 1 tour (*)	
11	D. HILL	GB	ARROWS-Yamaha	à 1 tour	
12	P. DINIZ	BR	ARROWS-Yamaha	à 1 tour	
13	J. VERSTAPPEN	NL	TYRRELL-Ford	à 1 tour	(*) classé mais non-arrivé

HOMMES DE TETE

IRVINE	1
FRENTZEN	2-17 et 22-24
M.SCHUMACHER	18-21 et 34-37
	M.SCHUMACHER
D. COULTHARD	1 puis 25-33 et 38-53

MEILLEUR TOUR

HH. FRENTZEN   D   WILLIAMS-Renault   1'38"942   (213,361 km/h)

DISQUALIFIÉ

J. VILLENEUVE   CDN   WILLIAMS-Renault (5ème) suspendu (drapeaux jaunes) samedi matin,
fait appel et prend le départ. L'appel est ensuite retiré, et la peine initiale confirmée. Le pilote est
considéré comme ayant été absent, la course n'est pas comptabilisée parmi ses épreuves disputées,
et les six tours qu'il a bouclé en tête sont reversés aux pilotes qui le suivaient à ce moment-là.
En revanche, il garde le bénéfice de sa pole position.

ABANDONS

M. SALO	SF	TYRRELL-Ford	47ème tour	moteur
T. MARQUES	BR	MINARDI-Hart	47ème tour	transmission
O. PANIS	F	PROST-Mugen Honda	37ème tour	moteur
S. NAKANO	J	PROST-Mugen Honda	23ème tour	roue ARD
U. KATAYAMA	J	MINARDI-Hart	9ème tour	moteur
R. BARRICHELLO	BR	STEWART-Ford	7ème tour	sortie de piste
J. MAGNUSSEN	DK	STEWART-Ford	3ème tour	sortie de piste

RECORDS

10ème pole position et 8ème meilleur tour VILLENEUVE ; 26ème victoire et
53ème podium M.SCHUMACHER ; 2ème podium FISICHELLA ; 4ème podium FRENTZEN ;
112ème victoire FERRARI (nouveau record absolu).

Europe

17° manche 1997

Grand Prix Europe 24 au 26 octobre
(69 tours de 4,428 kms)
614° manche du championnat du monde depuis 1950

NOUVEAUTÉS

Retour à Jerez de la Frontera après trois ans d'absence (mais le circuit étant beaucoup utilisé eb essais privés, aucune séance préalable de reconnaissance n'est prévue le jeudi comme ce fut le cas en Autriche).
Fontana remplace de nouveau Morbidelli chez Sauber. Dernier Grand Prix pour Berger, Katayama et Renault.

GRILLE DE DÉPART

1	J. VILLENEUVE	CDN	WILLIAMS-Renault	1'21"072	(196,625 km/h)
2	M. SCHUMACHER	D	FERRARI	1'21"072	
3	HH. FRENTZEN	D	WILLIAMS-Renault	1'21"072	
4	D. HILL	GB	ARROWS-Yamaha	1'21"130	
5	M. HAKKINEN	SF	McLAREN-Mercedes	1'21"369	
6	D. COULTHARD	GB	McLAREN-Mercedes	1'21"476	
7	E. IRVINE	GB	FERRARI	1'21"610	
8	G. BERGER	A	BENETTON-Renault	1'21"656	
9	O. PANIS	F	PROST-Mugen Honda	1'21"735	
10	J. ALESI	F	BENETTON-Renault	1'22"011	
11	J. MAGNUSSEN	DK	STEWART-Ford	1'22"167	
12	R. BARRICHELLO	BR	STEWART-Ford	1'22"222	
13	P. DINIZ	BR	ARROWS-Yamaha	1'22"234	
14	J. HERBERT	GB	SAUBER-Petronas	1'22"263	
15	S. NAKANO	J	PROST-Mugen Honda	1'22"351	
16	R. SCHUMACHER	D	JORDAN-Peugeot	1'22"740	
17	G. FISICHELLA	I	JORDAN-Peugeot	1'22"804	
18	N. FONTANA	RA	SAUBER-Petronas	1'23"281	
19	U. KATAYAMA	J	MINARDI-Hart	1'23"409	
20	T. MARQUES	BR	MINARDI-Hart	1'23"854	
21	M. SALO	SF	TYRRELL-Ford	1'24"222	
22	J. VERSTAPPEN	NL	TYRRELL-Ford	1'24"301	

(Limite de qualification 107% = 1'27"310)

CLASSEMENT FINAL

1	M. HAKKINEN	SF	McLAREN-Mercedes	1h38'57"771	(207,508 km/h)
2	D. COULTHARD	GB	McLAREN-Mercedes	à 1"654	
3	J. VILLENEUVE	CDN	WILLIAMS-Renault	à 1"803	
4	G. BERGER	A	BENETTON-Renault	à 1"919	
5	E. IRVINE	GB	FERRARI	à 3"789	
6	HH. FRENTZEN	D	WILLIAMS-Renault	à 4"537	
7	O. PANIS	F	PROST-Mugen Honda	à 1'07"145	
8	J. HERBERT	GB	SAUBER-Petronas	à 1'12"961	
9	J. MAGNUSSEN	DK	STEWART-Ford	à 1'17"487	
10	S. NAKANO	J	PROST-Mugen Honda	à 1'18"215	
11	G. FISICHELLA	I	JORDAN-Peugeot	à 1 tour	
12	M. SALO	SF	TYRRELL-Ford	à 1 tour	
13	J. ALESI	F	BENETTON-Renault	à 1 tour	
14	N. FONTANA	RA	SAUBER-Petronas	à 1 tour	
15	T. MARQUES	BR	MINARDI-Hart	à 1 tour	
16	J. VERSTAPPEN	NL	TYRRELL-Ford	à 1 tour	
17	U. KATAYAMA	J	MINARDI-Hart	à 1 tour	

HOMMES DE TETE

M.SCHUMACHER
1-21, 28-42 et 45-47
VILLENEUVE
22, 43-44 et 48-68
FRENTZEN
23-37
HAKKINEN
69

MEILLEUR TOUR

HH. FRENTZEN   D   WILLIAMS-Renault   1'23"135   (191,745 km/h)

ABANDONS

D. HILL	GB	ARROWS-Yamaha	48ème tour	boîte de vitesses
M. SCHUMACHER	D	FERRARI	48ème tour	acchrochage Villeneuve
R. SCHUMACHER	D	JORDAN-Peugeot	45ème tour	fuite d'eau
R. BARRICHELLO	BR	STEWART-Ford	31ème tour	boîte de vitesses
P. DINIZ	BR	ARROWS-Yamaha	12ème tour	sortie de piste

RECORDS

13ème pole position et 19ème podium VILLENEUVE ; 1ère victoire et 16ème podium HAKKINEN ; 15ème podium COULTHARD ; 6ème meilleur tour FRENTZEN ; 107ème victoire McLAREN et 12ème d'un moteur MERCEDES.

Bilans et statistiques

48ème CHAMPIONNAT DU MONDE
DES CONDUCTEURS

1	J. VILLENEUVE	CDN	WILLIAMS-Renault	81	pts
2	M. SCHUMACHER	D	FERRARI	78	pts
3	HH. FRENTZEN	D	WILLIAMS-Renault	42	pts
4	D. COULTHARD	GB	McLAREN-Mercedes	36	pts
-	J. ALESI	F	BENETTON-Renault	36	pts
6	G. BERGER	A	BENETTON-Renault	27	pts
-	M. HAKKINEN	SF	McLAREN-Mercedes	27	pts
8	E. IRVINE	GB	FERRARI	24	pts
9	G. FISICHELLA	I	JORDAN-Peugeot	20	pts
10	O. PANIS	F	PROST-MugenHonda	16	pts
11	J. HERBERT	GB	SAUBER-Petronas	15	pts
12	R. SCHUMACHER	D	JORDAN-Peugeot	13	pts
13	D. HILL	GB	ARROWS-Yamaha	7	pts
14	R. BARRICHELLO	BR	STEWART-Ford	6	pts
15	A. WURZ	A	BENETTON-Renault	4	pts
16	J. TRULLI	I	PROST-MugenHonda	3	pts
17	M. SALO	SF	TYRRELL-Ford	2	pts
-	P. DINIZ	BR	ARROWS-Yamaha	2	pts
-	S. NAKANO	J	PROST-MugenHonda	2	pts
20	N. LARINI	I	SAUBER-Petronas	1	pt

PARTICIPANTS, NON-CLASSÉS

N. FONTANA	RA	SAUBER-Petronas
U. KATAYAMA	J	MINARDI-Hart
J. MAGNUSSEN	DK	STEWART-Ford
T. MARQUES	BR	MINARDI-Hart
G. MORBIDELLI	I	SAUBER-Petronas
J. VERSTAPPEN	NL	TYRRELL-Ford

ENGAGÉS, NON-QUALIFIÉS

R. ROSSET	BR	LOLA-Ford
V. SOSPIRI	I	LOLA-Ford

VICTOIRES

1	J. VILLENEUVE	7
2	M. SCHUMACHER	4
3	D. COULTHARD	2
4	HH. FRENTZEN	1
-	G. BERGER	1
-	M. HAKKINEN	1

POLE POSITIONS

1	J. VILLENEUVE	10
2	M. SCHUMACHER	3
3	HH. FRENTZEN	1
-	G. BERGER	1
-	J. ALESI	1
--	M. HAKKINEN	1

MEILLEURS TOURS

1	HH. FRENTZEN	6
2	J. VILLENEUVE	3
-	M. SCHUMACHER	3
4	G. BERGER	2
5	G.FISICHELLA	1
-	D. COULTHARD	1
-	M. HAKKINEN	1

PODIUMS

1	J. VILLENEUVE	8
-	M. SCHUMACHER	8
3	HH. FRENTZEN	7
4	J. ALESI	5
-	E. IRVINE	5
6	D. COULTHARD	4
7	M. HAKKINEN	3
8	G. BERGER	2
-	O. PANIS	2
-	G. FISICHELLA	2
11	R. SCHUMACHER	1
-	R. BARRICHELLO	1
-	A. WURZ	1
-	D. HILL	1
-	J. HERBERT	1

TOURS EN TÊTE

1	J. VILLENEUVE	341
2	M. SCHUMACHER	301
3	D. COULTHARD	75
4	D. HILL	64
5	E. IRVINE	60
6	M. HAKKINEN	52
7	HH. FRENTZEN	44
8	G. BERGER	41
9	J. TRULLI	37
10	J. ALESI	32
11	G. FISICHELLA	7

Nombre total de tours 1054

40ème CHAMPIONNAT DU MONDE
DES CONSTRUCTEURS

1	WILLIAMS-Renault	123	pts
2	FERRARI	102	pts
3	BENETTON-Renault	67	pts
4	McLAREN-Mercedes	63	pts
5	JORDAN-Peugeot	33	pts
6	PROST-MugenHonda	21	pts
7	SAUBER-Petronas	16	pts
8	ARROWS-Yamaha	9	pts
9	STEWART-Ford	6	pts
10	TYRRELL-Ford	2	pts

PARTICIPANT, NON-CLASSÉ

MINARDI-Hart

VICTOIRES

WILLIAMS-Renault	8
FERRARI	4
McLAREN-Mercedes	3
BENETTON-Renault	1

PODIUMS

WILLIAMS-Renault	15
FERRARI	13
BENETTON-Renault	8
McLAREN-Mercedes	7
JORDAN-Peugeot	3
PROST-MugenHonda	2
STEWART-Ford	1
ARROWS-Yamaha	1
SAUBER-Petronas	1

POLE POSITIONS

WILLIAMS-Renault	11
FERRARI	3
BENETTON-Renault	2
McLAREN-Mercedes	1

MEILLEURS TOURS

WILLIAMS-Renault	8
FERRARI	4
BENETTON-Renault	2
McLAREN-Mercedes	2
JORDAN-Peugeot	1

TOURS EN TÊTE

WILLIAMS-Renault	385
FERRARI	361
McLAREN-Mercedes	127
BENETTON-Renault	73
ARROWS-Yamaha	64
PROST-MugenHonda	37
JORDAN-Peugeot	7

CHAMPIONNATS DU MONDE
CONDUCTEURS

1950	N. FARINA	I	AlfaRomeo
1951	JM. FANGIO	RA	AlfaRomeo
1952	A. ASCARI	I	Ferrari
1953	A. ASCARI	I	Ferrari
1954	JM. FANGIO	RA	Merced./Maserati
1955	JM. FANGIO	RA	Mercedes
1956	JM. FANGIO	RA	Lancia/Ferrari
1957	JM. FANGIO	RA	Maserati
1958	M. HAWTHORN	GB	Ferrari
1959	J. BRABHAM	AUS	Cooper-Climax
1960	J. BRABHAM	AUS	Cooper-Climax
1961	P. HILL	USA	Ferrari
1962	G. HILL	GB	BRM
1963	J. CLARK	GB	Lotus-Climax
1964	J. SURTEES	GB	Ferrari
1965	J. CLARK	GB	Lotus-Climax
1966	J. BRABHAM	AUS	Brabham-Repco
1967	D. HULME	NZ	Brabham-Repco
1968	G. HILL	GB	Lotus-Ford
1969	J. STEWART	GB	Matra-Ford
1970	J. RINDT	A	Lotus-Ford
1971	J. STEWART	GB	Tyrrell-Ford
1972	E. FITTIPALDI	BR	Lotus-Ford
1973	J. STEWART	GB	Tyrrell-Ford
1974	E. FITTIPALDI	BR	McLaren-Ford
1975	N. LAUDA	A	Ferrari
1976	J. HUNT	GB	McLaren-Ford
1977	N. LAUDA	A	Ferrari
1978	M. ANDRETTI	USA	Lotus-Ford
1979	J. SCHECKTER	ZA	Ferrari
1980	A. JONES	AUS	Williams-Ford
1981	N. PIQUET	BR	Brabham-Ford
1982	K. ROSBERG	SF	Williams-Ford
1983	N. PIQUET	BR	Brabham-BMW
1984	N. LAUDA	A	McLaren-TAG Por.
1985	A. PROST	F	McLaren-TAG Por.
1986	A. PROST	F	McLaren-TAG Por.
1987	N. PIQUET	BR	Williams-Honda
1988	A. SENNA	BR	McLaren-Honda
1989	A. PROST	F	McLaren-Honda
1990	A. SENNA	BR	McLaren-Honda
1991	A. SENNA	BR	McLaren-Honda
1992	N. MANSELL	GB	Williams-Renault
1993	A. PROST	F	Williams-Renault
1994	M. SCHUMACHER	D	Benetton-Ford
1995	M. SCHUMACHER	D	Benetton-Renault
1996	D. HILL	GB	Williams-Renault
1997	J. VILLENEUVE	CDN	Williams-Renault

CONSTRUCTEURS

La Coupe des Constructeurs de Formule 1, devenue ensuite le Championnat du Monde des Constructeurs, n'a été créée qu'en 1958.

1958	VANWALL
1959	COOPER-Climax
1960	COOPER-Climax
1961	FERRARI
1962	BRM
1963	LOTUS-Climax
1964	FERRARI
1965	LOTUS-Climax
1966	BRABHAM-Repco
1967	BRABHAM-Repco
1968	LOTUS-Ford
1969	MATRA-Ford
1970	LOTUS-Ford
1971	TYRRELL-Ford
1972	LOTUS-Ford
1973	LOTUS-Ford
1974	McLAREN-Ford
1975	FERRARI
1976	FERRARI
1977	FERRARI
1978	LOTUS-Ford
1979	FERRARI
1980	WILLIAMS-Ford
1981	WILLIAMS-Ford
1982	FERRARI
1983	FERRARI
1984	McLAREN-TAG Porsche
1985	McLAREN-TAG Porsche
1986	WILLIAMS-Honda
1987	WILLIAMS-Honda
1988	McLAREN-Honda
1989	McLAREN-Honda
1990	McLAREN-Honda
1991	McLAREN-Honda
1992	WILLIAMS-Renault
1993	WILLIAMS-Renault
1994	WILLIAMS-Renault
1995	BENETTON-Renault
1996	WILLIAMS-Renault
1997	WILLIAMS-Renault

CHIFFRES MAJEURS

48 ans de championnat, 614 épreuves disputées, 677 pilotes de 32 pays, 14 212 participations, 14 002 points pour 275 classés (dont 175 sur le podium, 87 vainqueurs).

LÉGENDE : les abréviations de nationalités suivent la nomenclature officielle de la FIA. Ci-dessous la liste de celles qui apparaissent dans cet ouvrage :

A	Autriche
AUS	Australie
BR	Brésil
CDN	Canada
D	Allemagne
DK	Danemark
F	France
GB	Grande-Bretagne
I	Italie
J	Japon
NL	Hollande
NZ	Nouvelle-Zélande
RA	Argentine
SF	Finlande
USA	États-Unis
ZA	Afrique du Sud

AVERTISSEMENT :

Les records citent les meilleurs depuis 1950, et les autres pilotes qui omt participé en 1997 suivent en italiques.

Participations : selon les règles de la FIA, un forfait au 2ème départ quand le 1er est annulé n'est pas comptabilisé.

TITRES

1	JM. FANGIO	5
2	A. PROST	4
3	J. BRABHAM	3
-	N. LAUDA	3
-	N. PIQUET	3
-	A. SENNA	3
-	J. STEWART	3
8	M. SCHUMACHER	2
	D. HILL	1
	J. VILLENEUVE	1

VICTOIRES

1	A. PROST	51
2	A. SENNA	41
3	N. MANSELL	31
4	J. STEWART	27
-	M. SCHUMACHER	27
6	J. CLARK	25
-	N. LAUDA	25
8	JM. FANGIO	24
9	N. PIQUET	23
10	D. HILL	21
	J. VILLENEUVE	11
	G. BERGER	10
	D. COULTHARD	3
	J. HERBERT	2
	J. ALESI	1
	O. PANIS	1
	HH. FRENTZEN	1
	M. HAKKINEN	1

PODIUMS

1	A. PROST	106
2	A. SENNA	80
3	N. PIQUET	60
4	N. MANSELL	59
5	N. LAUDA	54
-	M. SCHUMACHER	54
7	G. BERGER	48
8	C. REUTEMANN	45
9	J. STEWART	43
10	D. HILL	41
	J. ALESI	31
	J. VILLENEUVE	19
	M. HAKKINEN	16
	D. COULTHARD	15
	HH. FRENTZEN	8
	E. IRVINE	7
	J. HERBERT	6
	O. PANIS	5
	R. BARRICHELLO	3
	J. VERSTAPPEN	2
	G. FISICHELLA	2
	N. LARINI	1
	G. MORBIDELLI	1
	R. SCHUMACHER	1
	A. WURZ	1

A.CHAMBERT-PROTAT
INDEX F1 ©1983-97

POLE POSITIONS

1	A. SENNA	65
2	J. CLARK	33
-	A. PROST	33
4	N. MANSELL	32
5	JM. FANGIO	28
6	N. LAUDA	24
-	N. PIQUET	24
8	D. HILL	20
9	M. ANDRETTI	18
-	R. ARNOUX	18
	M. SCHUMACHER	17
	J. VILLENEUVE	13
	G. BERGER	12
	D. COULTHARD	5
	J. ALESI	2
	R. BARRICHELLO	1
	HH. FRENTZEN	1
	M. HAKKINEN	1

MEILLEURS TOURS

1	A. PROST	41
2	N.MANSELL	30
3	J. CLARK	28
-	M. SCHUMACHER	28
5	N. LAUDA	25
6	JM. FANGIO	23
-	N. PIQUET	23
8	G. BERGER	21
9	S. MOSS	20
10	A. SENNA	19
-	D. HILL	19
	J. VILLENEUVE	9
	HH. FRENTZEN	6
	D. COULTHARD	5
	J. ALESI	4
	G. FISICHELLA	1
	M. HAKKINEN	1

TOURS EN TETE

1	A. SENNA	2.931
2	A. PROST	2.683
3	N. MANSELL	2.058
4	J. CLARK	1.942
5	J. STEWART	1.918
6	N. PIQUET	1.634
7	N. LAUDA	1.590
8	M. SCHUMACHER	1.572
9	JM. FANGIO	1.347
10	D. HILL	1.338
	G. BERGER	754
	J. VILLENEUVE	627
	D. COULTHARD	328
	J. ALESI	267
	M. HAKKINEN	68
	E. IRVINE	60
	HH. FRENTZEN	44
	J. TRULLI	37
	J. HERBERT	27
	O. PANIS	16
	R. BARRICHELLO	8

POINTS

1	A. PROST	798,5
2	A. SENNA	614
3	N. PIQUET	485,5
4	N. MANSELL	482
5	M. SCHUMACHER	440
6	N. LAUDA	420,5
7	G. BERGER	385
8	J. STEWART	360
9	D. HILL	333
10	C. REUTEMANN	310
	J. ALESI	225
	J. VILLENEUVE	159
	M. HAKKINEN	118
	D. COULTHARD	117
	J. HERBERT	82
	HH. FRENTZEN	71
	O. PANIS	54
	R. BARRICHELLO	52
	E. IRVINE	52
	G. FISICHELLA	20
	R. SCHUMACHER	13
	M. SALO	12
	J. VERSTAPPEN	11
	G. MORBIDELLI	8,5
	U. KATAYAMA	5
	P. DINIZ	4
	A. WURZ	4
	J. TRULLI	3
	S. NAKANO	2

PARTICIPATIONS

1	R. PATRESE	255
2	G. BERGER	210
3	A. DE CESARIS	208
4	N. PIQUET	203
5	A. PROST	199
6	M. ALBORETO	194
7	N. MANSELL	187
8	G. HILL	176
9	J. LAFFITE	174
10	N. LAUDA	170
	J. ALESI	135
	J. HERBERT	112
	M. SCHUMACHER	102
	M. HAKKINEN	96
	U. KATAYAMA	94
	D. HILL	84
	R. BARRICHELLO	81
	HH. FRENTZEN	65
	E. IRVINE	65
	O. PANIS	59
	D. COULTHARD	58
	M. SALO	52
	P. DINIZ	50
	J. VERSTAPPEN	47
	G. MORBIDELLI	37
	J. VILLENEUVE	32
	G. FISICHELLA	25
	R. SCHUMACHER	17
	...etc...	

À L'ANNÉE PROCHAINE !

Le calendrier prévisionnel de la saison 1998 nous donne rendez-vous à partir du 8 mars (Australie). Les dates suivantes sont : 29 mars (Brésil), 12 avril (Argentine), 26 avril (Saint-Marin), 10 mai (Espagne), 24 mai (Monaco), 7 juin (Canada), 28 juin (France, sous réserves), 12 juillet (Grande-Bretagne), 26 juillet (Autriche), 2 août (Allemagne), 16 août (Hongrie), 30 août (Belgique), 13 septembre (Italie), 27 septembre (Luxembourg), 11 octobre (Portugal) et 1er novembre (Japon).

Glossaire

Alfasud, F3 F3000, Atlantic, F.Ford, F.Renault, Opel-Lotus, Vauxhall, etc : formules de promotion diverses dont sont issus les pilotes F1.

Cart (anciennement Indycar) : présenté comme l'équivalent de la F1 en Amérique mais d'un niveau technologique moins élevé, avec une douzaine d'équipes utilisant le matériel de trois constructeurs.

FIA et FOCA : la Fédération Internationale de l'Automobile (président Max Mosley) gère l'aspect législatif du championnat du monde ; la Formula One Constructors Association (président : Bernie Ecclestone) a en charge les aspects commerciaux.

Hat-trick : performance d'ensemble consistant à réussir au même Grand Prix le triplé pole position + course + meilleur tour.

Motorhome : camion-bus installé dans le paddock, abritant l'équipe et les pilotes quand ils veulent être au calme. Le motorhome est aménagé de salons-bureaux et d'un espace extérieur qui tient lieu d'accueil et de restaurant pour la presse et les invités des sponsors.

Paddock : espace réservé aux principaux acteurs de la F1 (écuries, média, sponsors) dans lequel sont regroupés les motorhomes.

Pole Position : position de tête sur la grille de départ.

Rookie : pilote débutant. Dans leur pays, les américains décernent chaque année un prix au meilleur "rookie" de chaque catégorie.

Safety-Car / Voiture de Sécurité : voiture de tourisme officielle dont l'entrée en piste se justifie par un incident grave ou une météo désastreuse. Les pilotes doivent garder leurs positions derrière elle.

Scuderia : écurie italienne. On ne met la majuscule que pour Ferrari.

Slick (pneu) : pneu lisse pour piste sèche, à l'inverse des pneus à sculpture pour la pluie.

Team : équipe (terme anglais).

Warm-up : ultime séance d'essais (libres) le matin même de la course, 4h30 avant. Si les conditions météo changent, un deuxième warm-up peut être organisé une heure quinze avant l'épreuve.